KRISTOF MAGNUSSON

Pet Shop Boys

Kristof Magnusson

PET SHOP BOYS

Kristof Magnusson über
die PET SHOP BOYS, queere Vorbilder
und musikalischen Mainstream

KiWi MUSIKBIBLIOTHEK

Noch mehr Lesespaß mit der Playlist zum Buch:
www.kiwi-verlag.de/playlists

»We've got no future, we've got no past – Here today, built to last – In every city, in every nation – From Lake Geneva to the Finland station«

Es ist Ende Juni des Jahres 2009. Die *Pandemonium*-Tour der Pet Shop Boys macht Station im ausverkauften Tempodrom in Berlin. Wir sind mit einer kleinen Gruppe von Freunden und Bekannten hier. Ich, mein Lebensgefährte Gunnar, mein alter Schulfreund Martin, seine Frau Felicitas und noch ein paar andere.

Die Veranstaltung hat mehr Volksfestcharakter, als es den wahren Ästheten unter den Pet-Shop-Boys-Fans lieb sein kann: Auf der unbestuhlten Fläche in der Mitte der zeltartigen Konzerthalle wuseln Tausende Menschen umher, suchen nach geeigneten Plätzen, den Toiletten, bahnen sich mit Bier und Brezeln den Weg zu ihren Leuten.

Die bestuhlten Ränge weiter hinten sind bevölkert mit älteren Ehepaaren, oftmals in Begleitung ihrer Kinder. Die Männer tragen karierte Hemden, die sie in helle Bundfaltenhosen gesteckt haben, und gelgepolsterte Joggingschuhe. Bei den Frauen manifestiert sich eine gewisse Achtzigerjahre-Nostalgie in den Frisuren, manche von ihnen tragen Stirnbänder und übergroße Ohrringe, die so aussehen, als wären sie nach langer Zeit genau für diesen Anlass wieder einmal herausgekramt worden.

Für viele dieser Menschen ist das Pet-Shop-Boys-Konzert ein Familienausflug und gleichzeitig ein *trip down memory lane.* Letzteres gilt auch für uns. Auch wir wünschen uns einen emotionalen Flashback, hoffen darauf, dass sie heute Abend genau *die* Lieder spielen werden, die wir in den Achtzigerjahren mit dem Kassettenrekorder aus dem Radio aufgenommen haben.

Doch längst nicht alle sind hier, um sich nostalgischen Gefühlen hinzugeben. Um uns herum, am hinteren Rand der unbestuhlten Mitte, stehen einige Leute, die ich zumindest vom Sehen her kenne: Autorenkollegen, Journalistinnen verschiedener Berliner Medien, fast die ganze Redaktion der damals noch existierenden Musikzeitschrift Spex, eine Bekannte von mir, die an der Humboldt-Uni über Marcel Proust forscht; Leute, die ich schon mal auf Theaterpremieren und Ausstellungseröffnungen gesehen habe. Wenn ich ihre Gespräche belausche, schnappe ich immer wieder Wörter wie »konzeptuell«, »minimalistisch« und »performativ« auf. Wir stehen eindeutig in der Kulturbetrieb-Ecke. Auch dieses Milieu zieht es zu einem Konzert der Pet Shop Boys: Intellektuelle, die die Pet Shop Boys immer auch als künstlerisch ambitionierte Konzeptband wahrgenommen haben. Wäre ich damals zu den älteren Ehepaaren auf den bestuhlten Rängen gegangen und hätte sie gefragt, ob sie auch so begeistert davon seien, dass die Pet Shop Boys nicht nur eine Band, sondern ein Gesamtkunstwerk sind, hätte es wahrscheinlich viele ratlose Blicke gegeben.

Weiter vorne, in Richtung der Bühne, sieht es wieder ganz anders aus. Hier könnte man meinen, man wäre im Berghain oder zumindest in der Panorama-Bar gelandet: Leicht bekleidete junge bärtige Männer mit vielen Tattoos, vielen Piercings und sehr kurzen Haaren. Bei dieser Kohorte von Konzertgängern handelt es sich eindeutig um Partyschwule, für die die Pet Shop Boys weder Konzeptkunst noch Nostalgie-Trigger sind. Für diese Generation der internationalen Homo-Hipster sind die Pet Shop Boys schlicht Säulenheilige der schwulen Subkultur und haben diesen Status auch Jahrzehnte nach ihrer ersten Platte nicht eingebüßt. Die Beständigkeit der Band verleiht der eigenen queeren Identität beinahe so etwas wie eine historische Legitimation.

Dann erlischt das Licht im Saal. Die Bühne erstrahlt in leuchtendem Blau, Rot und Grün. Disconebel wabert von links und rechts in Richtung Bühnenmitte, wo ein Pult mit Synthesizern aufgebaut ist sowie ein einsames Standmikrofon. Neil Tennant und Chris Lowe tauchen aus dem Disconebel auf, nähern sich langsamen Schrittes dem vorderen Bühnenrand. Ohne Begrüßung und ohne ankündigende Worte erklingt ein elektronischer Beat – die Show beginnt. Alle klatschen. Sind gemeinsam dabei. Mir fällt kein anderes Phänomen der Musikwelt ein, das so unterschiedliche Gruppen von Fans so mühelos und widerspruchsfrei miteinander vereint wie die Pet Shop Boys.

HAMBURG

»Everything I've ever done«

Die Geschichte beginnt – wie soll es anders sein – in den 1980er-Jahren. Der Ort ist Hamburg. Der Stadtteil heißt Schnelsen. Von hier sind es nur ein paar Hundert Meter zur Stadtgrenze in Richtung Schleswig-Holstein; 1989 wird hier die erste Hamburger Filiale von IKEA eröffnen, doch so weit sind wir noch nicht.

Bisher war die größte Attraktion dieses nordwestlichsten Zipfels der Freien und Hansestadt ein Sportklub am Königskinderweg, in dem ich mich oft mit Freunden zum Squash-Spielen traf, eine Sportart, die für mich so sehr mit den westdeutschen Achtzigerjahren verbunden ist wie das Schulterpolster und die Dauerwelle. Es gab damals in Hamburg-Schnelsen keinen stylisheren Ort als dieses, wie man damals sagte,

Squashcenter. Überall war Neon, Messing, es gab farbenfrohe Cocktails – auf Wunsch sogar *ohne* Alkohol! Im ganzen Stadtteil war dies definitiv der Ort, an dem man sich am meisten Mühe gegeben hatte, den Zeitgeist der 80er-Jahre zu treffen. Ich kann zwar nicht mehr genau rekonstruieren, warum, aber ich erinnere mich noch genau daran, dass ich oft lange Zeit im Eingangsbereich der Sportanlage saß und auf meine Freunde wartete.

Anders als im Hause meiner Eltern, wo das Fernsehprogramm auf öffentlich-rechtliche Sender begrenzt war, lief auf dem Fernseher, der hier an die Wand gedübelt war, Kabelfernsehen. Die große Vielfalt von Kanälen, die man dadurch bekam, schien hier allerdings niemanden zu interessieren. Hier – und auch auf den anderen vielen Fernsehern, die in diesem Squashcenter in fast jedem Raum, sogar im Ruheraum der Sauna, zu finden waren – lief immer nur ein Sender, und zwar MTV. MTV hielt ich damals für so etwas wie den Yeti oder das Ungeheuer von Loch Ness. Es wurde gemunkelt, dass es so etwas gäbe, aber niemand hatte es jemals zu Gesicht bekommen. Ich kannte nur die öffentlich-rechtliche Musiksendung *Formel Eins,* mit Peter

Illmann, Ingolf Lück und Stefanie Tücking. Dass MTV hier tatsächlich existierte, hatte etwas von einer Initiation. In einem Squashcenter eröffnete sich mir etwas völlig Unbekanntes, vollkommen Neues. Wenigstens hier stimmte einmal dieser dämliche Spruch: *Hamburg – das Tor zur Welt.*

In meiner Erinnerung liefen damals, egal, ob wir am Königskinderweg gerade squashten, uns umzogen oder Eis aßen, immer und überall die Pet Shop Boys. Deren Lieder *West End Girls* und *Suburbia* konnte ich mitsingen, bevor ich die englischen Texte verstand. Und wenn ich damals das Wort Pop hörte, hatte ich sofort die Synthesizer-Akkorde im Ohr, mit denen das Elvis-Cover *Always On My Mind* beginnt: Pop – das waren für mich die Pet Shop Boys. Die Lieder kannte ich schon, bevor ich anfing, mit meinen Freunden in den Squashklub zu gehen – ein Musikvideo hingegen sah ich dort zum ersten Mal. Und auch hier erinnere ich mich nur an die Videos der Pet Shop Boys, die Videos zu *It's a Sin* und *Always On My Mind.* Das Video zu *Always On My Mind* habe ich noch als völlig harmlos wahrgenommen, ohne daran zu denken, dass es da irgendwie um queere Inhalte oder Filmkunst gehen könnte. Die vielen lustigen, scheinbar unzusammenhängenden Filmausschnitte passten noch in das Spaß-Bild, das ich von den Pet Shop Boys hatte, in die kindliche Begeisterung für einprägsame Melodien und Klangfarben, die ich allein schon deswegen faszinierend fand, weil sie nicht so klangen wie das Geklampfe von Simon & Garfunkel auf dem elterlichen Plattenteller. Dass die Filmausschnitte, aus denen das Video zu *Always On My Mind* besteht, aus dem Kinofilm *It Couldn't Happen Here* stammen, bei dem es sich um amtliche surrealistische Filmkunst handelt, habe ich erst viel später herausgefunden.

Dann sah ich das Video von *It's a Sin,* und nichts war mehr wie zuvor. Das Video spielt in einer mittelalterlich anmutenden Szenerie. Neil Tennant und Chris Lowe sind in einer Burg gefangen und müssen vor erbarmungslosen Priestern und Mönchen der Spanischen Inquisition auf die Knie fallen. Ein Scheiterhaufen wird entzündet, die Botschaft des Videos ist eindeutig. Und wer es bis dahin noch nicht geschnallt hatte, konnte es sich über den Songtext erschließen: »For everything I long to do – No matter when or where or who – Has one thing in common too – It's a, it's a, it's a, it's a sin. Everything I've ever done – Everything I ever do – Every place I've ever been – Everywhere I'm going to – It's a sin.«

Aus der Perspektive eines Erwachsenen von heute ist die Angelegenheit so klar wie Kloßbrühe: Ein schwuler junger Mann verzweifelt daran, dass seine Sexualität und Lebensweise von der Umwelt verurteilt werden. Im Lied selbst richtet sich das Gesungene an einen »*father*«, wobei nicht ganz klar wird, ob damit der leibliche Vater des Protagonisten gemeint ist oder ob es sich um die Anrede eines Geistlichen handelt. Im Video hingehen macht Regisseur Derek Jarman aus dieser Doppeldeutigkeit ein ziemlich eindeutiges Statement. Die christliche Ikonografie ist derart übertrieben, dass sie den ganzen Song umdeutet. Beim Video geht es nicht nur um das persönliche Einzelschicksal eines schwulen Mannes in den 1980er-Jahren in Großbritannien, es geht um das gesamte verkorkste Verhältnis der katholischen Kirche zu Sexualität im Allgemeinen und Homosexualität im Speziellen. Das wusste ich damals noch nicht, dennoch wurde mir irgendwie klar, dass hier ganz existenzielle Fragen verhandelt werden.

Ohne dass in dem Video explizit schwule Darstellungen enthalten sind, kam die Botschaft bei mir an. Dass das Ganze auf eine theatralische und auch irgendwie lustige Weise rüberkam, machte die Pet Shop Boys für mich rätselhafter, obwohl ich gleichzeitig intuitiv das Gefühl hatte, etwas verstanden zu haben. Ich hatte damals nur ein sehr unbestimmtes Gefühl davon, dass die Welt um mich herum für andere Leute vorformatiert war. Jegliche Kultur um mich herum war darauf angelegt, im weitesten Sinne eine Boy-meets-Girl-Geschichte zu reproduzieren. Für diejenigen, die nicht dazugehörten, gab es scheinbar keinen Platz. Als junger Teenager hätte ich niemals die komplexe Machtstruktur einer heteronormativen Gesellschaft wahrnehmen können, fühlte aber bereits sehr genau, was in mir Angst und Unbehagen hervorrief – und wo ich mich sicher fühlte. Von daher war alleine die Abwesenheit eindeutig heterosexuell codierter Bilder und Geschichten in den Videos und Songs der Pet Shop Boys für mich eine Wohltat.

Wie sehr mir die Texte der Pet Shop Boys gefielen, merkte ich besonders im Vergleich zu – deutlich dämlicheren – Lyrics anderer Bands. Als ich etwas später zum ersten Mal *Who's Gonna Ride Your Wild Horses* von U2 auf MTV sah, fragte ich mich umgehend, wessen Pferde da überhaupt gemeint seien, was dieser Bono eigentlich mit Pferden am Hut habe und noch viel mehr: was dieser ganze Kram mit mir zu tun haben solle. Bei den Texten der Pet Shop Boys stellte ich mir diese Fragen nie. Schon damals, im Squashcenter, verschafften mir diese Texte ein regelrechtes literarisches Erweckungserlebnis. Als dort einmal *Rent* lief, fragte ich mich sofort: Was genau meint Neil Tennant, wenn er singt: »I love you, you pay my rent«? Handelt es sich dabei um den jüngeren Liebhaber eines älteren Mannes oder um den Rentboy eines reichen Kunden? Ist es einfach nur ein sehr fortschrittliches Geschlechterverhältnis einer Heterobeziehung oder singt Tennant aus der Erzählperspektive einer Frau? Als ich diese Entdeckung machte, kam ich mir selbst ungeheuer subversiv vor und verspürte sofort eine große Nähe zu dem Songtexter – immerhin musste er den Text ja so geschrieben haben, dass solche Leute wie ich ihn entziffern können. Für mich war das ein erster Schritt auf dem Weg zu einem besonderen, bewussten Umgang mit Text – und daher sicher ein Wegbereiter für meine spätere Berufswahl.

Meine erste Gedichtinterpretation machte ich also nicht im Deutschunterricht, sondern vor dem Fernseher des Squashcenters am Königskinderweg in Hamburg-Schnelsen. Und weil es in Hamburg war und weil sich diese Geschichte in den späten 1980er-Jahren sowie den frühen 1990er-Jahren ereignete, möchte ich an dieser Stelle der Vollständigkeit halber auf einen Umstand hinweisen: Ja, das Squashcenter im Königskinderweg in Hamburg-Schnelsen hatte eine Sauna. Und ja, manchmal, wenn ich in diese Sauna ging, dann saß da Dieter Bohlen drin.

Bevor wir aber die 1980er-Jahre hinter uns lassen und uns genauer den 1990ern zuwenden, möchte ich noch auf einen Song der Pet Shop Boys hinweisen, den ich damals liebte und der mich auch noch heute in Erinnerungen schwelgen lässt. Mir kommt es so vor, als würde *Heart* nicht genug gewürdigt werden. Vielleicht liegt es daran, dass der Titel so wenig aussagekräftig ist. Lange Zeit wusste ich gar nicht, dass das Lied *Heart* heißt. Ich dachte immer, es hieße womöglich *My Heart Starts Missing a Beat, Missing a Beat* oder *Every Time.* In dem kurzen Refrain steckt so viel verdichteter Sound – in Gesang und Backing-Track –, dass es nur weniger Takte bedarf, um das Lebensgefühl eines ganzen Jahrzehnts aufscheinen zu lassen. »My heart starts missing a beat, My heart starts missing a beat. Every time, Ohhh-oh, oh, every time.« Die betonte Wiederholung von »*beat*« ist natürlich kein Zufall, denn musikalisch geht es da richtig zur Sache. *Heart* hat einen ballernden Hi-NRG-Sound, wie etwa *You Spin Me Round* oder *You Make Me Feel,* und sollte eigentlich auch in einem Atemzug mit diesen Hi-NRG-Schmankerln genannt werden. Hätten die Pet Shop Boys an dieser Stelle ihre Karriere beendet, würde man sich heute sicher an sie als große Helden der Hi-NRG-Welle erinnern. Aber stattdessen ging es danach ja erst richtig los.

Im Musikvideo zu *Heart* spielte übrigens ein Schauspieler die Hauptrolle, den ich damals natürlich nicht kannte. Der Vampir im Video wird gespielt von Ian McKellen – dem legendären Gandalf-Darsteller aus Peter Jacksons Herr-der-Ringe-Verfilmungen, der seinerseits wiederum ein großer LGBT-Aktivist ist.

»They called us the pop kids 'cause we loved the pop hits and quoted the best bits.«

Ich habe einen ausgesprochen schlechten Musikgeschmack. Das stimmt natürlich nicht. Ich habe einen besonders feinen Musikgeschmack. Zu Beginn des jetzigen Jahrtausends habe ich mir sogar so viel auf meinen feinen Musikgeschmack eingebildet, dass ich einen Roman verfasst habe, in dem es von Zitaten und Songtiteln diverser Indie-Bands nur so wimmelt. Aber auch das ist natürlich Quatsch. Die Idee vom ganz besonders exquisiten Musikgeschmack ist eine Fiktion. Genau genommen werde ich sogar immer ein bisschen misstrauisch, wenn mir Menschen mit allzu beflissener Kennerattitüde ihr Musikwissen aufs Brot schmieren, wenn das Expertentum so weit in geheimwissenschaftliche Sphären aufsteigt, dass es an Esoterik grenzt. Man beschäftigt sich ja nicht mit Musik, um seine Mitmenschen zu beeindrucken. Eine noch größere Fiktion müsste aber die Vorstellung von einem Leben ganz ohne die gedankliche Beschäftigung mit Popmusik sein. Noch absurder als ein Musikgeschmack, der sich viel auf seine Kenntnis einbildet, dürfte ein Musikgeschmack sein, der sich viel auf seine Unkenntnis einbildet. In meinem Bekanntenkreis befinden sich durchaus ein paar Pappenheimer, die mir weismachen wollen, sie hätten noch nie von Justin Bieber oder One Direction gehört. Vermutlich wollen sie den Eindruck erwecken, sie führten ein komplett vom Trash der populären Alltagskultur unbesudeltes Leben. Doch ich glaube fest daran, dass ein Leben ohne dieses gartenzaunozentristische Abgrenzungsgehabe möglich ist.

Es gibt eine Form von Popmusik, die gleichzeitig massenkompatibel, poetisch und stilsicher ist. Und damit wären wir auch schon wieder bei den Pet Shop Boys. Die Pet Shop Boys sind ein fantastisches Beispiel dafür, wie Kultur sowohl massentauglich als auch künstlerisch anspruchsvoll sein kann. Fazit: Beste Band *ever,* mehr muss man gar nicht dazu sagen. Buch fertig, Klappe zu.

Nachdem wir das geklärt haben, geht es auch gleich ans Eingemachte:

»I was faced with a choice at a difficult age – Would I write a book? Or should I take to the stage? But in the back of my head I heard distant feet – Che Guevara and Debussy to a disco beat.«

Die Pet Shop Boys sind queere Popkultur. Damit

meine ich nicht einfach die Tatsache, dass es sich bei den Musikern um offen schwule Männer handelt. Das Gesamtpaket ist queer im besten Sinne. Der eben zitierte Text stammt aus *Left To My Own Devices.* Es bedarf nicht viel Fantasie, um sich vorzustellen, wieso ich mich als queerer Jugendlicher in der Pubertät mit so einer Songzeile gut identifizieren konnte. Aber es sind nicht nur die Texte. Auch die Musik selbst, die Ästhetik der Bandfotos und Musikvideos mutet auf eine gewisse Weise queer an, die sowohl transgressiv und auch wieder vollkommen harmlos ist. Das gleichzeitige Vorhandensein von Subversion und Affirmation hat mich an den Pet Shop Boys schon immer schwer beeindruckt. Vielleicht ist es übertrieben zu behaupten, dass ich das als Kind oder Jugendlicher bereits wahrgenommen habe, aber irgendwie habe ich diese gewitzte Ambivalenz gespürt.

Ich möchte an dieser Stelle darauf hinweisen, wie wichtig es für queere Teenager ist, queere Personen in Film, Fernsehen, Literatur, bildender Kunst oder Popmusik zu sehen. Und zwar nicht nur Freaks, sondern positive Darstellungen – oder zumindest neutrale, wertfreie. Mich selbst hat es furchtbar verletzt, wie oft Darstellungen von queeren Personen dazu benutzt wurden, etwas ganz Verrücktes oder Kaputtes zu repräsentieren. Mehr schwule Vorbilder hätten mir das Heranwachsen durchaus leichter gemacht.

Ich habe damals eine Zeit lang gerne Rolf Hochhuth gelesen, über Dieter Hildebrandt gelacht, die Puhdys und Dire Straits gehört – Begeisterungen, die ich heute kaum noch nachvollziehen kann. Vielleicht ist es mit Kunst und Kultur ähnlich wie mit Freundschaften oder Partnern. Manche sind in gewissen Lebensphasen unglaublich wichtig, man denkt, man könnte nicht ohne sie – und dann verschwinden viele dieser kulturellen Lebensabschnittsbegleiter wieder. Einige wenige jedoch halten ein Leben lang. So ist es mit mir und den Pet Shop Boys. Ich kenne viele Leute, die die Pet Shop Boys hören, um sich an ihre Jugend zu erinnern. Für mich sind sie die einzige Band, die mir bis heute in jeder Lebensphase etwas zu sagen hatte. Was muss Kunst, was müssen Künstlerinnen oder Künstler haben, damit so etwas gelingt?

»I hear the thunder crashing, the sky is dark – And now a storm is breaking within my heart.«

Im Jahr 1988 veröffentlichten die Pet Shop Boys das Album *Introspective.* Ich war zwölf Jahre alt, als die Platte rauskam. Zu diesem Zeitpunkt setzte sich meine popkulturelle Sozialisation folgendermaßen zusammen: Aufgewachsen war ich mit den Schallplatten meiner Eltern, mein Vater war Fan von Pink Floyd und Simon & Garfunkel, um deren Platten herum sich im elterlichen Plattenschrank allerlei Folk und seichter Gitarrensound der 1970er-Jahre angesammelt hatte, sowie Abba, Elvis und ein bisschen isländischer Glamrock.

Meine fünfzehn Jahre ältere Schwester vergötterte David Bowie und war dementsprechend nach dem Abitur nach Berlin gezogen (wo sie leider weniger mit der Musikszene der Inselstadt in Berührung kam als mit der dortigen Drogenszene). Auf NDR 2 und Radio Hamburg lief der damalige Chartspop rauf und runter, natürlich einschließlich der Pet Shop Boys. Meine Klassenkameradinnen und Klassenkameraden liebten Die Ärzte, besonders für den anspielungsreich pubertären Humor – aber auch die ersten Snobs kristallisierten sich langsam heraus. Manche wurden von ihren älteren Geschwistern mit Metal- und Punkkassetten versorgt und konnten dementsprechend angeben. Ich hörte zum ersten Mal The Cure und las in der BRAVO einen Artikel, der sich mit Gruftis beschäftigte, in dem neben The Cure auch The Smiths erwähnt wurden. So seltsam es anmuten mag: Ich kenne die Smiths aus der BRAVO.

Zu dieser Zeit ordneten sich die meisten meiner Freundinnen und Freunde einer Jugendkultur zu. Man muss sich das ein bisschen vorstellen wie *Die Reise nach Jerusalem:* Die Kindheit, in der wir alle mehr oder weniger dieselbe Musik gehört hatten, war vorbei, und als diese Kindheitsmusik ausging, mussten sich alle ein neues Stühlchen suchen und wurden Metaller, Hip-Hopper, Popper oder Punks. Diejenigen, für die kein Stühlchen einer solch klar umrissenen Musikrichtung übrig blieb, hörten Indie, manche sagten dazu auch *alternative.* Und im Gegensatz zu Metal oder Hip-Hop, Begriffen, die ja ganz profan die Musik beschreiben, die die Leute hören, war es den Begriffen *Indie* oder *alternative* erst einmal wichtig, sich von dem abzugrenzen, was sie *nicht* waren. *Nicht* kommerziell. *Nicht* allen bekannt. So sonderbar es klingt, wenn man als Erwachsener darüber nachdenkt: Indie ist eine

Musikrichtung, in der schon gleich die erste Ableitung enthalten ist, die sich in erster Linie dadurch definiert, dass sie irgendwie *dagegen* ist.

Die typische Gruppendynamik der sich voneinander abgrenzenden Popper, Metaller und Hip-Hopper war in meiner Schulzeit spätestens ab der neunten Klasse evident, also ab 1990. Ich selbst fühlte mich keiner Clique richtig zugehörig, vielleicht ahnte ich damals auch schon, dass selbst subversiv angelegte Subkulturen nicht notwendigerweise weniger heteronormativ sind. Ganz abgesehen davon war ich auch einfach nicht cool genug. Meine Haltung schwankte zwischen dem Bedürfnis dazuzugehören und der halb ironischen Kultivierung meines Außenseiterstatus. Aber wie so viele Teenager in so vielen Ländern – die sich sowohl für zu klug als auch für zu empfindsam für diese Welt halten – wurde ich letztendlich dann doch irgendwie Indie und begeisterte mich für New Model Army, Midnight Oil und The Cure. Wobei mit The Cure das Problem eigentlich auch schon losging. The Cure, so sagten viele meiner Indie-Freundinnen und zahllose Leserbriefe der von mir bald abonnierten Zeitschrift *Zillo,* sei eigentlich inzwischen viel zu sehr Pop, um noch Indie zu sein. The Cure war Mainstream, und Mainstream war der Antichrist.

Die Musikerinnen und Musiker, die das natürlich auch mitbekommen hatten, versuchten ihre Glaubwürdigkeit zu erhalten, indem sie sich in ihren Liedtexten und Interviews mit großer Emphase gegen den Kapitalismus, den Mainstream, das Establishment stellten. Sie wetterten gegen das System, und zwar, wie man in Hamburg sagte, mit großer Bugwelle. Ich mochte diese Musik wirklich und höre sie noch immer. Und doch befremdet es mich heute, wie oft meine Freunde und ich uns aufwerten wollten, indem wir betonten, was wir alles *nicht* hörten. New Model Army brachte es mit den Worten »Curse the music on the radio that the neighbours play« auf den Punkt.

Wir liebten diese Musik, sie berührte uns emotional, aber es war uns eben auch sehr wichtig, uns dem vermeintlich konsumverblödeten Mainstream überlegen zu fühlen. Wenn man so will, war Indie die erste Meisterklasse linksgrüner Bildungsbürgerkinder, sich dem Rest des Landes gegenüber überlegen zu fühlen. Und das schlimmste am Mainstream, das war natürlich der Pop. Das war nun wirklich nichts als Gehirnwäsche, eine Musik, die durch ihre glatte Oberfläche die Leute dazu verführte, das eigenständige Denken einzustellen; das war doch – ja, das war doch geradezu eine Gefahr für die Demokratie!

Ich hoffe, ich klinge jetzt nicht zu nostalgisch oder altherrenhaft, aber ich vertrete gern die These, dass sich die Bedeutung von Musikgeschmack als identitätsstiftendes Element von Jugend- und Subkulturen seit damals verändert hat. Die Jugend von heute ist musikalisch viel pluralistischer und kulturell viel freizügiger unterwegs als wir damals. Der eine oder die andere mag das als Verlust oder Niedergang empfinden, aber ich sehe darin einen Fortschritt. Wie albern war damals unser Abgrenzungsgehabe, wenn sich in den Schulkassen Gruftis, Popper, Hip-Hopper, Metal-Freaks und bald dann auch noch Techno-Kids alle krampfhaft voneinander distanzierten. Und doch bleibt festzuhalten, dass meine Schulzeit der Mittelstufe und Oberstufe durch ein bestimmtes Lebensgefühl geprägt war, in dem die nach Musikrichtung sortierten Teenagercliquen eine große Rolle spielten. Ein Teil dieser Weltwahrnehmung mag spezifisch gewesen sein für die späten Achtziger- und frühen Neunzigerjahre. Es gibt vielleicht sogar einen Zusammenhang zwischen ihrem Verschwinden und dem Verschwinden der großen politischen Erzählungen aus der Zeit des Kalten Krieges, zumindest scheint die Lagerbildung der Jugendkulturen sich bald nach dem Ende des Kalten Krieges ebenfalls aufgelöst zu haben. Vielleicht war das sogar nur spezifisch für westdeutsche Jugend, oder gar nur für die Hamburger Vorortsiedlungen.

Dennoch steckt in diesem Phänomen ein verallgemeinerbarer Teil, den die meisten Leser:innen wahrscheinlich nachvollziehen können. Für den weiteren Verlauf dieses Abschnitts gehe ich jetzt zumindest davon aus, dass sich die meisten etwas unter der eben beschriebenen Jugendkultur-Dynamik vorstellen können. Denn – um auf die Pet Shop Boys zurückzukommen – in meiner speziellen Situation bekam diese Dynamik einen ganz untypischen Einschlag, dank eben jener Band.

Unsere schulische Subkultur-Sektiererei wurde unterlaufen von einem Mitschüler, der schon sehr früh eine Musikgruppe entdeckt hatte, die aufgrund ihrer Cleverness über jeden geschmäcklerischen Zwist erhaben war. Und im Gegensatz zu vielen aus dem

Indie-Lager – die am liebsten Musik gehört hätten, die nur sie selbst kannten – machte dieser Mitschüler aus seiner Begeisterung für diese Band keinen Hehl. Im Gegenteil, er wurde nicht müde zu erzählen, wie toll sie sei, und wollte unbedingt auch andere dazu bringen, sie zu hören. Bei dieser Gruppe handelte es sich – wie leicht zu erraten sein dürfte – um die Pet Shop Boys. Der Mitschüler war Martin Hossbach.

Zu gern würde ich an dieser Stelle behaupten, dass ich als Teenager schon so weitsichtig war, das Genie dieser Band erkannt zu haben, aber so war es nicht. Obwohl mir die Pet Shop Boys sehr vertraut waren und ich sowohl ihre Musik als auch ihr Abweichen vom heteronormativen Durchschnitt schätzte, hatte ich die Band bis zu diesem Zeitpunkt nicht als etwas wahrgenommen, das sich dazu eignete, die eigene Position innerhalb der Schulklassen-Gruppendynamik zu bestimmen. Dafür waren sie einfach zu sehr Pop. Zu sehr glatt polierte Oberfläche, und ich hatte mich ja eigentlich für die schrabbelig-selbstgemachte Ästhetik der Indie-Musik entschieden. Auch dass sie nicht andauernd den Kapitalismus und die Konsumgesellschaft kritisierten, konnte ich nicht gutheißen. Und doch war mir klar, dass sie etwas ganz Besonderes waren. Das begann schon mit dem gähnenden Neil Tennant auf dem Cover des Albums *actually.* Sicher, die Pet Shop Boys waren Pop, aber welcher Popstar hätte damals auf dem Cover seiner Platte gegähnt? Auch wenn ich damals noch nicht genau wusste, was das bedeutete, war mir doch klar: Das bedeutet nicht nichts! Wie konnte etwas auf der Oberfläche so leicht konsumierbar sein und doch ein solches Rätsel?

Martin Hossbach war uns Altersgenossen voraus. Er interessierte sich schon damals für Kunst, Design und Mode. Auch auf die beiden letzteren Dinge hatte man als echter Indie Boy keinen Pfifferling zu geben. Design? Mode? Das war doch nur etwas für oberflächliche Menschen. Auch aus diesem Grund war ich zunächst skeptisch gegenüber der von Martin ostentativ vorgetragenen Begeisterung für die Pet Shop Boys. Gleichzeitig wusste ich, dass da etwas war. Dass da etwas zu mir sprach, bevor ich es verstand.

Dass ich bei diesem Rückblick auf meine Mittelstufenzeit so ins Detail gehe, hat Gründe. Er enthält gleich zwei Aspekte, die ich für relevant halte. Erstens war die Pet-Shop-Boys-Begeisterung meines Mitschülers

Martin Hossbach keineswegs geheuchelt – ganz im Gegenteil: Auch heute noch ist er ein großer Fan der Band und hat auch immer wieder mit den Musikern zusammengearbeitet. Zweitens fiel der Beginn meiner ernsthafteren Beschäftigung mit den Pet Shop Boys mit dem Zeitpunkt zusammen, an dem ich begann, über die Verbindung von Popmusik, Literatur, Kunst und Politik nachzudenken. Im Schulunterricht lernten wir, literarische Texte auf Deutsch und Englisch zu verstehen und zu analysieren. In Erdkunde erfuhren wir etwas über Stadtentwicklung am Beispiel von London, im Geschichtsunterricht ging es um die russische Revolution und Lenins Exil in der Schweiz. Diese Inhalte interessierten mich und meine Mitschüler:innen, wenn überhaupt, nur abstrakt – trockene Lehrinhalte eben, die man bewältigen musste. Doch Martin, mit dem ich mich erst später richtig anfreundete, hatte entdeckt, dass viele dieser Stoffe tatsächlich auch in der Alltagskultur vorkamen, und das sogar auf eine Art, die Spaß machte! In den Liedern der Pet Shop Boys steckte ganz viel Literatur, Kunst und Politik – nur eben viel cooler, lustiger und generell einfach besser als im gymnasialen Lehrplan!

Eine echte Ausnahmeerscheinung in unserem Schulalltag war der Musikunterricht bei Dr. Peter Ruschenburg, der uns einiges zumutete: Wir sangen Verdi-Arien auf Italienisch. Wir analysierten Leitmotive bei Wagner. Ohne jemals das damals erst langsam aufkommende Modewort *interdisziplinär* zu verwenden, war es ihm wichtig zu zeigen, dass eine Kunstform nicht unabhängig von der anderen existiert. Wenn wir uns mit Debussy beschäftigten, war es ihm wichtig, dass wir auch etwas von Stéphane Mallarmé erfuhren und von Maurice Maeterlinck. Wir betrachteten Bilder von Monet, während wir Debussy hörten, und expressionistische Gemälde zur Musik von Richard Strauss. Wenn es um Zwölftonmusik ging, ging es auch um Duchamp und die revolutionäre Moderne, und als schließlich John Cage und Karlheinz Stockhausen dran waren, brachte er uns bei, was Konzeptkunst ist. Und all das, ich betone es noch mal, im Musikunterricht! Im Kunstunterricht kam Kunstgeschichte überhaupt nicht vor. Dort gab es Aufgaben wie: Heute malen wir einen Regenbogenstruwwelpeterpunk.

Dr. Peter Ruschenburg hat über die Lieder von Claude Debussy promoviert. Vielleicht liegt es daran, dass ich mich bis heute besonders an einen kleinen Vortrag von ihm über die Zeit des Fin de Siècle erinnere, in dem seine Liebe zur Musik, Malerei und Dichtung dieser Epoche besonders deutlich zu spüren war. Doch dieses Mal endete unsere gedankliche Beschäftigung mit dem Unterrichtsthema nicht mit dem Pausengong, der in unserer Schule aus unerfindlichen Gründen eher ein Summen war. Nach dieser Unterrichtseinheit wandte sich Martin in der Pausenhalle an mich und unsere Freunde Justus Beier und Torsten Beeck und erzählte, dass die Pet Shop Boys ja wohl ganz anders über das Fin de Siècle denken würden. Er zitierte aus dem Song *Decadence:* »You've got to cease this fin-de-siècle pretence. For decadence is fatal. It's the beginning of the end. In consequence I cannot recommend this decadence.« Justus und ich schüttelten die Köpfe. Für uns handelte es sich bei dieser Textzeile lediglich um das oberflächliche Runterspulen wichtigtuerischer Floskeln, doch Martin sah darin eine existenzielle Auseinandersetzung des Individuums mit der Welt. Seiner Meinung nach hatten die Pet Shop Boys das Problem des Fin de Siècle mindestens so gut verstanden wie unser Lehrer. Vielleicht sogar besser. Oder hatten sie zumindest einen zeitgemäßeren Ausdruck dafür gefunden? Zugegeben, Martin hatte eine steile These, die ich sofort in Bausch und Bogen verdammen musste. Um dann noch sehr oft darüber nachzudenken, ob nicht doch etwas dran war.

Ohne dass ich mich an ein genaues Datum erinnere, war es auch ungefähr zu dieser Zeit, als ich ein bisschen genauer hinzuhören begann, welche queeren Inhalte in den Songs der Pet Shop Boys steckten. Ich habe ja schon erwähnt, dass mir besonders bei *It's a Sin* aufgefallen war, dass es sich bei den Pet Shop Boys irgendwie um schwule Themen drehen musste. *Domino Dancing* wäre ein anderes Beispiel. Aber was genau nun die einzelnen Aussagen waren, war mir weiterhin schleierhaft. Das änderte sich mit dem Song *Being Boring.* Anders als die pompösen Synthie-Disco-Kracher der Pet Shop Boys war dieses Lied erstaunlich melancholisch und introspektiv. Die Band veröffentlichte den Song 1990. Der Song veränderte die Weise, in der ich mich selbst als queeren Teenager wahrnahm. Anfangs hielt ich *Being Boring* einfach nur für einen melancholischen, von einem gewissen gepflegten Ennui geprägten Song. Doch je häufiger ich das Lied hörte, desto mehr kam es mir vor wie ein Trauergesang für die an Aids verstorbenen Schwulen der Achtzigerjahre. Die melancholische Stimmung des Songs war ein Aspekt, der für diese Deutung sprach, der andere war der Text. Mit »We were never being boring« konnten nur die sexuell befreiten Schwulen der späten Siebziger- und frühen Achtzigerjahre gemeint sein, die für das Virus ein gefundenes Fressen gewesen waren. Dieser Songtext ist wunderbar beschrieben in dem Buch *Factually* von Jan-Niklas Jäger, der sich auf kluge Art und Weise sehr genau mit den Songs der Pet Shop Boys auseinandersetzt. Mit der veränderten Wahrnehmung von *Being Boring* ging für mich die Erkenntnis einher, dass für mich als heranwachsenden Schwulen HIV und Aids eine irgendwie geartete Bedrohung darstellen würden. Rein demografisch falle ich in die Kohorte von schwulen Männern, bei denen das eigene Coming-out ausgerechnet in der historisch dramatischsten Phase der Aids-Epidemie stattfand. Ich musste nicht nur mit meiner eigenen Identität klarkommen, ich wuchs auch auf in dem Bewusstsein, dass ich selbst von meiner Umwelt als potenzieller Seuchenherd wahrgenommen werden würde, allein aufgrund meiner Sexualität. Die

Art und Weise, wie Aids und Schwulsein miteinander in Verbindung gebracht wurden, kam mir wie eine ungerechte zusätzliche Gemeinheit vor. Jede Vorstellung von Sex war ohnehin schon mit Scham belastet, allein durch die schon vor Aids bestehende gesellschaftliche Vorformatierung. Jetzt kam dank der Seuche auch noch die Angst hinzu, dass jeder körperliche Kontakt ein potenzielles Todesurteil war. Das klingt jetzt vielleicht übertrieben dramatisch. Aber genau so hat es sich für mich als queeren Teenager zu Beginn der Neunzigerjahre angefühlt.

»In the open air: go west. Baby, you and me: go west. This is our destiny. Come on, come on, come on, come on«

Im September 1993 veröffentlichten die Pet Shop Boys das Lied *Go West*, eine Coverversion des Village-People-Hits von 1979. Die ganz offensichtliche Anspielung der Textzeile *»go west«* auf die geopolitischen Ereignisse der letzten Jahre wirkte irgendwie seltsam, zumal die Melodie des Lieds vage an die sowjetische Nationalhymne erinnert und die gesungenen Chorzeilen mehr nach bolschewistischem Armeechor klingen als nach Disco. Doch dazu gleich mehr. Zunächst einmal das Offensichtliche: Das Lied war eine Sensation. Ich hatte 1993 das Village-People-Original noch nie gehört und niemand in meinem Umfeld kam auf die Idee, dass dieses Lied eine Coverversion wäre. Es war einfach ein Megahit. Und damit meine ich nicht die Verkaufszahlen und die *heavy rotation* auf Radio Hamburg, NDR2, Radio FFN und RSH. Mit Megahit meine ich, dass alle Menschen in meinem Umfeld dieses Lied liebten und jedes Wort mitsingen konnten. Ich hatte den Eindruck, dass die allgegenwärtigen Pet Shop Boys mit diesem Song noch einmal viel allgegenwärtiger geworden waren.

Wie viele Menschen tendiere ich dazu, das Ende der sozialistischen Regime Osteuropas auf einen einzigen Zeitpunkt zu reduzieren. Das macht es mir einfach, mir die Ereignisse als eine Art von Revolution vorzustellen. Aber das ist natürlich Quatsch. Bevor 1989 die Berliner Mauer geöffnet wurde, war im sogenannten Ostblock bereits seit Jahren um Reformen gestritten worden. Und der Auflösungsprozess der Sowjetunion dauerte noch weitere zwei Jahre und zwei Monate, bis zum Januar 1992. Die vorproduzierten Betonplatten der Ostberliner Wohnbaukombinate wurden noch bis 1994 fröhlich weiterverbaut. Der Fall des Eisernen Vorhangs war keine Singularität, sondern ein langwieriger Vorgang. Von Glasnost und Perestroika hatten wir natürlich auch in Hamburg gehört, alle erwarteten die große Öffnung des Ostens, so hatte ich in der siebten Klasse als zweite Fremdsprache Russisch gewählt. Mein Gymnasium Bondenwald im Stadtteil Niendorf war bei Weitem nicht die einzige Hamburger Schule, an der Russisch unterrichtet wurde. Daher erschien es mir nicht besonders außergewöhnlich, 1991 an einem einmonatigen Schüleraustausch nach Almaty, der damaligen Hauptstadt von Kasachstan, teilzunehmen. Den Herbst meines 16. Lebensjahres verbrachte ich also in spätsowjetischem Ambiente – in überheizten Plattenbauten, auf Datschen mit Plumpsklo, wurde von Oberleitungsbussen und in veralteten Sowjetautos durch die Gegend kutschiert, deren unsaubere Motoren verbranntes Schmieröl und unverbranntes Benzin als blaue Wolken aus den Auspuffen pusteten. Wir besichtigten futuristische Sportanlagen und machten einen Ausflug in die kasachische Steppe, auf dem bei voller Fahrt ein Reifen des Reisebusses platzte. Die endlose Wartezeit, bis ein geeigneter Ersatzreifen organisiert werden konnte, verbrachten wir bei einem alten Bauern, der nur mit großer Mühe davon abgehalten werden konnte, zu Ehren des Besuchs aus dem fernen Deutschland eine Ziege zu schlachten. Der gesamte Zusammenbruch der Sowjetunion faszinierte mich. Auf den unregulierten Straßenmärkten von Almaty hamsterte ich Souvenirs und Geschenke für meine Freundinnen, Freunde und Familie: rote Sterne als Anstecknadeln für Hüte und Jacken, Postkarten aus dem Ural und aus Nowosibirsk, billige Reproduktionen von Armeeabzeichen, eine Armbanduhr mit radioaktiven Leuchtziffern. Ich war mit der sowjetischen Folklore und Bilderwelt also bestens vertraut, als zwei Jahre nach meinem Schüleraustausch *Go West* mit aller Kraft aus allen Lautsprechern zu tönen begann.

Das Musikvideo zu *Go West* sah ich erst relativ spät zum ersten Mal, sodass ich mich wunderte, als alle Gäste dieselbe Tanzbewegung ausführten, sobald der Refrain von *Go West* die Tanzfläche des Bramfelder Jugendklubs *Bracula* beschallte: Bei »*go*« nahmen alle simultan die rechte Hand vor die Brust und ballten die Finger zur Faust. Darauf folgte auf »*west*« das Ausstrecken des rechten Arms schräg seitlich nach oben, die Hand weiterhin zur Faust geballt. Wie ich kurze Zeit später herausfand, war das ein Teil der Choreografie im Musikvideo. Und das Musikvideo beeindruckte mich dann noch mal auf eine ganz andere Art, mehr noch als der eigentliche Song.

Was mich auf den ersten Blick beeindruckte, war zunächst die komplett digital erstellte Grafik. Die im Video auftretenden Personen waren in rein digitale Umgebungen hineinkopiert worden. Mir war schon klar, dass die Pet Shop Boys mit Synthesizern und Techno-Ästhetik prinzipiell futuristisch drauf waren. Aber bei allen Songs vor *Go West* beschränkte sich der Futurismus eigentlich nur auf die Musik. Das Go-West-Video war ein Paukenschlag! Es war nicht nur das futuristischste Video der Pet Shop Boys, es war überhaupt das futuristischste Video einer Popgruppe, das ich bis dahin gesehen hatte. Sogar die Kostüme von Neil Tennant und Chris Lowe hatten keinerlei Bezug zur Gegenwart. Ihre blauen und gelben Anzüge waren wohl kaum futuristischer als die Sternenflotten-Uniform von Captain Kirk und Mister Spock, aber in Kombination mit den computergenerierten Hintergründen und ihren halbkugeligen Kopfbedeckungen wirkten die Pet Shop Boys wie von einem anderen Planeten herangebeamt. Mir fiel buchstäblich die Kinnlader runter. Das passte doch gar nicht zusammen! Und doch war es auch hier wieder so, dass mir ein Lied und das dazugehörige Video von den Pet Shop Boys über den Fall des Eisernen Vorhangs, *das* historische Ereignis meiner Jugend, etwas sagten, das ich nirgendwo anders fand. Etwas, das zu mir sprach, bevor ich es verstand. Gut, dass wir von Dr. Ruschenburg bereits erfahren hatten, dass es so etwas wie Konzeptkunst gab. Das Lied sollte doch – so dachte ich jedenfalls – ein ironischer Kommentar dazu sein, wie unreflektiert der Westen auf den Fall des Eisernen Vorhangs reagiert hatte. Und jetzt das: Pop-Art-Fantasiefiguren von einem anderen Stern! Für Sekundenbruchteile tauchten dann im Video immer wieder real gefilmte Aufnahmen aus der ehemaligen Sowjetunion auf. Doch diese Aufnahmen waren nur ein Seitenschauplatz, denn das eigentliche Video drehte sich ja um die computeranimierte postsozialistische Fantasiewelt, in der Neil und Chris als Propheten des Kapitalismus und Konsums eine Armee sportlich trainierter Sowjet-Männer in den Westen locken. Die virtuelle Kamera umfliegt gerenderte Darstellungen von amerikanischen Hochhäusern und sozialistischen Heldenstatuen. Doch seltsamerweise zeigt das Video sowohl kapitalistische Wolkenkratzer als auch bolschewistische Propagandakunst irgendwie gleichwertig. Beide sehen komplett artifiziell und erhaben aus. Und um die Verwirrung zu vollenden, leiten die Pet Shop Boys uns Zuschauende gar nicht vom Osten in den Westen. Stattdessen führen sie uns visuell über eine unendliche Showtreppe an allen politischen Symbolen vorbei hinein in eine Art Techno-Jenseits. Am Ende des Lieds, wenn die Stimmen und die Instrumente zurückweichen und der technoide Synthie-Beat dominiert, sind alle politischen Pole aufgehoben. Wir begleiten die Pet Shop Boys in jenen galaktischen Dance-Himmel, aus dem sie und ihre knallbunten Kostüme gekommen sind. War dies eine akkurate visuelle Repräsentation der Wünsche und Hoffnungen der Neunzigerjahre? Oder hatte sich Francis Fukuyama – ganz ironiefrei – das von ihm postulierte Ende der Geschichte so vorgestellt?

Die Botschaft des Songs konnte keineswegs darin

bestehen, dass hier ein paar Briten den Untergang des Kommunismus bejubeln. Aber es war auch keineswegs die sauertöpfische Kapitalismuskritik, wie sie mir durch beispielsweise Billy Bragg, U2 oder Midnight Oil vertraut war. Im bereits erwähnten Zillo-Magazin überboten sich die gefeaturten Bands darin, möglichst marxistisch und linksalternativ rüberzukommen. Theoretisch war die affirmative Go-West-Haltung der Pet Shop Boys das genaue Gegenteil der Zillo-Miesepeter. Dieser übertrieben gut gelaunte Pop-Enthusiasmus war genau das, was die Indie-Szene leidenschaftlich verachtete. Und trotzdem gefielen mir die Pet Shop Boys einfach besser! Bei *Go West* handelte es sich eben nicht um das Abfeiern der westlichen Konsumgesellschaft. Es war aber auch kein erhobener Zeigefinger. Es war einfach cleverer!

Und dann gab es noch einen ganz anderen Aspekt des Videos, der mir die Kinnlade herunterklappen ließ. Ich konnte gar nicht fassen, wie schwul es war! Die Szenen, in denen die vom Kapitalismus verführten Männer marschieren, sahen so aus, als hätte ein Spezialist für homoerotische Softpornos eine Neuverfilmung von Leni Riefenstahls *Olympia* gemacht.

Erst durch die Pet-Shop-Boys-Coverversion und das Video wurde ich neugierig, wie denn das Original *Go West* der Village People damals wohl gemeint gewesen war. Auch das Original hatte ja sehr deutlichen queeren Inhalt. Bei dem Glücksversprechen des Westens handelte es sich 1979 um die große und lebendige Homo-Szene von San Francisco. Der Aufruf, in den Westen auszuwandern, richtete sich an unzählige US-amerikanische Homosexuelle, die östlich von Kalifornien in Kleinstädten unter ihren beengten Verhältnissen litten. Und gerade wenn man das Village-People-Original rein auf seinen queeren Gehalt reduziert, muss man sich doch umso mehr wundern, warum sich die Komponisten Jacques Morali und Henri Belolo 1979 in Herrgottsnamen dazu entschieden hatten, die Harmonien der Go-West-Melodie so stark an die der Sowjetischen Nationalhymne anzulehnen. Womit wir wieder beim Cover von 1993 angekommen wären. Die Version der Pet Shop Boys trennte den gesamten queeren Gehalt des Originals vom Klang und verlagerte alle schwulen Anspielungen komplett ins Musikvideo. Damit lenkten sie gewissermaßen die akustische Rezeption rein auf den geopolitischen Gehalt – den Fall des Eisernen Vorhangs. Endlich ergab die seltsam bolschewistisch anmutende Akkordfolge der Melodie einen Sinn.

Dass Neil Tennant und Chris Lowe im Video zu *Go West* gewissermaßen als Kunstfiguren auftraten, erinnerte mich daran, dass Kraftwerk sich irgendwann dazu entschlossen hatte, sich komplett von roboterartigen Puppen vertreten zu lassen. Weiter konnte man sich nicht entfernen von den damals so beliebten Bands des Grunge, von Nirvana und Pearl Jam, von der Authentizität, die sie mit Holzfällerhemden und Arbeiter-Boots behaupteten. Später hatte dann Daft Punk dasselbe Prinzip aufgegriffen und auf die Spitze getrieben. Aber was bedeutete es, wenn Musiker selbst gar keine Anknüpfungspunkte an die Realität boten, sondern auf jedem Bandfoto eindeutig als Fantasiegeschöpfe zu erkennen waren? *Go West* war ja nur der Auftakt zum Album *Very.* Insgesamt war dieses Album mehr Gesamtkunstwerk als Langspielplatte. Die Bandfotos im Booklet zeigen die Köpfe der Musiker mit den blau-gelben Halbkugel-Hüten, abgeschnitten von den Körpern, sodass sie gar nicht wie reale Menschen aussahen, sondern vielmehr wie Zauberpilze aus Nintendos Super-Mario-World. Die CD kam nicht in einer normalen transparenten Hülle, sondern in einer genoppten, orange durchgefärbten Spezialanfertigung. Bis heute halte ich die CD-Hülle und das Booklet von *Very* für den absoluten Höhepunkt des Tonträger-Artworks. Nirgendwo außer in der Popmusik ist es möglich, dass künstlerischer Anspruch und Massenwirkung so gut Hand in Hand gehen. Und nirgends wurde das so deutlich wie bei den Pet Shop Boys 1993.

Was Band-Ikonokrafie angeht, waren die blauen und gelben Kugelhut-Kostüme der Pet Shop Boys allerdings nicht so prägend wie die Visuals zu *Can You Forgive Her?* vom Mai 1993, der ersten Singelauskopplung aus dem Album *Very*. Das Video zu *Can You Forgive Her?* ist computertechnisch noch nicht so ausgereift wie das zu *Go West*, aber es besitzt einen noch strengeren Farbcode (Blau, Orange, Weiß, Schwarz), die Kostüme sind noch verrückter, das gesamte Setting ist noch futuristischer. Es lohnt sich, auf den Text zu *Can You Forgive Her?* einzugehen, gerade weil auch hier das Dilemma queerer Lebensweisen besungen wird. In dem Lied geht es um eine gescheiterte Beziehung zwischen einem Mann und einer Frau, wobei der

Mann ein ungeouteter Schwuler ist. Vor der jetzigen Hetero-Beziehung hat er wohl Beziehungen zu anderen Männern gehabt, aber dann dem homosexuellen Leben abgeschworen. Nun kann er aber sein heimliches Begehren nicht vor ihr verbergen, und sie trennt sich von ihm. Sie möchte nicht mit jemandem leben, der seinen männlichen Liebhabern nachtrauert. Das Lied ist nun ein Appell an den Protagonisten, etwas Verständnis für seine (Ex-)Frau/Freundin zu haben. ›Nun nimm es ihr nicht auch noch krumm, dass sie dich sitzen lässt, wenn du sowieso lieber mit Typen rummachen willst!‹ Ich stelle mir als Erzähler des Textes einen der vergangenen oder aktuellen Liebhaber des Protagonisten vor, der ein wenig genervt davon ist, dass sich der Protagonist nicht outet und stattdessen in seiner unglücklichen Hetero-Ehe bleiben will: ›Das hast du nun von deinem blöden Versteckspiel!‹ Andererseits steckt darin natürlich auch ein existenzielles Drama, das jedem queeren Menschen nahegeht. Mir selbst war damals auch vor allem die visuelle Darbietung von *Can You Forgive Her?* aufgefallen: die blauen, computergenerierten Sets des Videos und vor allem die orange-weißen Kostüme mit schultütenartigen

Papptrichtern als Hüte und die großen weißen Rechtecke als Brille für Chris Lowe.

Wir bewegen uns chronologisch weiter vor und kommen nun zum Jahr 1995. In diesem Jahr veröffentlichten die Pet Shop Boys die Platte *Alternative,* eine Zusammenstellung von alten Single-B-Seiten. Der Song *Paninaro* von 1986 wurde komplett neu gemixt und bekam ein futuristisches Musikvideo mit jeder Menge ambitionierter Computeranimationen. Anders als bei den Band-Kostümen von 1993, bei denen es sich um Bühnengarderobe ohne jegliche Alltagstauglichkeit handelte, traten die Pet Shop Boys im Video zu *Paninaro 95* in echter Designermode auf. Das war jetzt mal so richtig Fashion mit einem großen F: Oversize-Mäntel aus geknitterten Kunststoffen, dazu die für die Neunzigerjahre unvermeidlichen Oakley-Eye-Jacket-Sonnenbrillen. Ich erinnere mich daran, wie ich gemeinsam mit meinen Eltern das Video auf MTV schaute und weder mir noch meinen Eltern die eindeutig schwulen Videopassagen seltsam vorkamen. Die halb nackten Tänzer im Video fassen sich gegenseitig an, es ist eindeutig zu erkennen, dass die Tanzchoreografie hier eine sexuelle Anbahnung darstellt.

Aber da das ganze Video dermaßen durchgeknallt futuristisch und artifiziell war, wirkten die erotisch einander zugewandten Tänzer nicht anstößig. Stattdessen gaben Mode und Futurismus einen Rahmen vor, innerhalb dessen dieser Tanz ganz selbstverständlich wie das Tagesgeschehen einer utopisch befreiten Zukunftswelt wirkte. Zumindest funktionierte das Video von *Paninaro 95* genau so. Ich konnte meinen Eltern begeistert das Video auf MTV zeigen, ohne dass sie darin – trotz expliziter schwuler Darstellung – eine unmittelbare Verbindung zu meiner Identität und Sexualität gesehen hätten. Halb nackte, sich gegenseitig zärtlich berührende Tänzer konnten – dank Pet Shop Boys – zu diesem Zeitpunkt in erster Linie als Fashion-Futurismus wahrgenommen werden. Das Ganze war zwar immer noch definitiv transgressiv, aber ohne offensichtlich zu sein!

Dass im Musikvideo von *Paninaro 95* Mode und Style eine große Rolle spielten, lag letztendlich vor allem am Song selbst. Der Songtitel bezieht sich ja auf die Jugendkultur Norditaliens in den Achtzigerjahren. Genau genommen ist ein »Paninaro« ein junger Mann aus Mailand, der in sehr schicken Klamotten mit seinem Motorroller zur Paninoteca fährt, um dort mit ähnlich modisch gekleideten Jugendlichen zu posen und belegte Brote zu verspeisen. Mir war dieser Style auf eine sehr vage Art bekannt, aber ich hätte nie geahnt, dass es dafür einen eigenen Ausdruck gab. Bei einem Besuch in München konnte es durchaus passieren, dass man dort ein paar Paninaros sichtete, die sich über die Alpen nach Norden gewagt hatten, um ihren Mailänder Chick, auch in München vorzuführen. Dazu gehörten immer die knallbunten Daunenjacken von Moncler und Sonnenbrillen – egal bei welchem Wetter.

Paninaro 95 erschien zu einer Zeit, in der ich bereits Überlegungen anstellte, eine berufliche Zukunft im Bereich von Sprache, Schreiben und Text anzustreben. Mehr und mehr faszinierten mich die verschiedenen Formen und Ebenen, auf denen Wörter funktionieren können: als reine Informationsvermittlung, als lautmalerische Dichtung, als metaphernreiche Prosa. Ich mochte das Buch *American Psycho* von Bret Easton Ellis, weil es das Verhältnis von Oberfläche und innerem Wesen auf den Kopf stellte. Ständig gaben die Protagonisten Detailinformationen über oberflächliche Details wie Kleidung, Musik und Restaurants von sich. Das Buch an sich war aber überhaupt nicht oberflächlich – aus dem Mosaik der popkulturellen Referenzen setzte sich vielmehr ein faszinierendes Sittengemälde zusammen. *Paninaro* war – von den grausamen Morden einmal abgesehen – gar nicht so weit davon entfernt. »Girls, boys, art, pleasure – girls, boys, art, pleasure« war nicht per se oberflächlich. Die Oberflächlichkeit der einzelnen Wörter ließ eine tiefere, nicht weiter beschriebene Ebene aufscheinen. Die Textzeile »Food, cars, travel – food, cars, travel, travel – New York, New York, New York, New York« liebte ich alleine für ihre Lakonie. Jedes Mal, wenn ich *Paninaro* hörte, verspürte ich das Bedürfnis, sofort selbst Popliteratur mit arschcoolen Texten zu verfassen – »Armani, Armani, ah-ah-Armani – Versace, cinque«. Hier wurde sich nicht einfach über die modebesessene Paninaro-Jugendkultur lustig gemacht. Der Song widmete sich dem Thema mit einem Augenzwinkern und war doch Kritik und Hommage zugleich.

Wir nähern uns dem Ende des ersten Abschnitts, meine Jugend in Hamburg ging zu Ende. Doch bevor es in die große weite Welt geht, möchte ich ein Lied erwähnen, das von den Pet Shop Boys nicht komponiert, sondern lediglich geremixt wurde: David Bowies Song *Hallo Spaceboy* – eigentümlicherweise mit der deutschen Schreibweise (hallo). Mir gefiel *Hallo Spaceboy* allein schon deshalb, weil es ungefähr zur selben Zeit wie *Spaceman* von Babylon Zoo erschien. Zur Erinnerung: Babylon Zoo war ein One-Hit-Wonder der Neunzigerjahre, das seinen Erfolg einzig einem Werbespot für Levi's Jeans verdankte. Genau wie bei Babylon Zoos *Spaceman* war bei Bowies *Hallo Spaceboy* der Remix viel besser als das Original. *Hallo Spaceboy* hatte ganz offensichtlich einen queeren Einschlag. David Bowie kokettierte ja gerne damit. Die queere Stelle im Song war aber nicht im Nebensatz einer Strophe versteckt – es war die zentrale Zeile des ganzen Refrains: »Don't you want to be free? Do you like girls or boys? It's confusing these days.« David Bowie ließ es sich auch nicht nehmen, bei den Brit-Awards 1996 den Song in High-Heels zu performen. Die Pet Shop Boys standen bei dem Auftritt entspannt am Bühnenrand, während Bowie wilde Verrenkungen am Mikrofon vorturnte. Die gesamte Show war zwar sehr queer, aber irgendwie auch beiläufig mit einer gewissen Art von Understatement. Ich fühlte mich sehr inspiriert, für meine eigene Identität und Sexualität eine Ausdrucksform zu finden, die einerseits nichts versteckte, andererseits aber irgendwie unaufgeregt blieb.

NEW YORK, LEIPZIG, REYKJAVÍK

Die Pet Shop Boys haben mich seit der Kindheit in allen Lebenslagen begleitet. Wann immer es Veränderungen, Umbrüche und Zäsuren in meinem Leben gab, konnte ich sicher sein, dass es dazu den passenden Pet-Shop-Boys-Song geben würde, wie einen Soundtrack zu meinem Leben. Ganz besonders traf das auf die Zeit zwischen 1996 und 2004 zu. Damals wechselte ich nicht nur mehrfach den Wohnort – von Hamburg nach New York, zurück nach Hamburg, dann nach Leipzig, nach Berlin, nach Reykjavík und wieder nach Berlin – auch mein Beziehungsleben unterlag einem gewissen Wandel.

»And all I wanted to say was that I love you, but you're telling me now you don't believe it's true. You got a different, a different, a different point of view.«

Bis zum Sommer 1996 hatten mich die Pet Shop Boys in meinem Hamburger Vorortleben begleitet. Sie hatten mir eine erste Vorstellung davon vermittelt, was Pop sein konnte, was Konzeptkunst sein konnte. Was queer bedeuten konnte. Doch diese Phase meines Lebens ging zu Ende. Nach dem Abitur beendete ich noch meine bereits begonnene Kirchenmusiker-Ausbildung, dann musste ich Zivildienst machen. Im September 1996 packte ich meine Koffer und wechselte meinen Wohnort von Hamburg-Schnelsen in die USA – nach New York City, um dort einen Freiwilligendienst bei Aktion Sühnezeichen Friedensdienste zu machen, der als Zivildienst anerkannt war. Mein Einsatzort war eine jüdische Organisation namens DOROT auf der Upper West Side in Manhattan: Die eine Hälfte der Woche arbeitete ich in einem kleinen Shelter für Obdachlose, die andere Hälfte besuchte ich Überlebende des Holocaust, leistete ihnen Gesellschaft, kaufte für sie ein, ging mit ihnen zum Arzt, lieferte koscheres Essen, »meals on heels (sic!)«.

Die erste CD, die ich mir auf dem Broadway bei *Nobody Beats the Wiz* kaufte, war das gerade herausgekommene Album *Bilingual* von den Pet Shop Boys, das zum Soundtrack meines abenteuerlichen, fast zweijährigen Ausflugs in die Sozialarbeit werden sollte. Auf eine etwas verquere Art und Weise identifizierte ich mich besonders mit dem Song *Single-Bilingual,* auch wenn der eine komplett andere Situation beschrieb als meine eigene Lebenslage. Im Text geht es um einen Handelsreisenden, der eigentlich nicht besonders sympathisch rüberkommt. Die Beschreibungen lassen ihn eher blasiert wirken: »They call this a community, I like to think of it as home, arriving at the airport I am going it alone; ordering a boarding pass, travelling in business class.« Das dazugehörige Musikvideo ist dementsprechend albern. Neil Tennant singt im Video mit ernster Miene, während Chris Lowe – verkleidet als Sicherheitsbeamter – seinen Bandkollegen mit dem Metalldetektor abklopft und um ihn herum graue Geschäftsleute allerlei übertriebenen Quatsch anstellen und auf dem Flugfeld tanzen. »Arriving at my hotel there are faxes greeting me. Staying in a junior suite, so there's room to meet and greet.«

Ich mochte den Song sehr und mir war auch klar, dass es sich dabei um eine Parodie auf die neoliberale Business-Euphorie der Neunzigerjahre handelt –

das Lied zur Ich-AG. Wer das Video bis zum Ende anschaut, bekommt sogar noch eine weitere Interpretation angeboten: Über der Band, über einer Dachterrasse, drehen sich Kampfjets in der Luft wie Discokugeln im Klub; die Landelichter der Düsenjäger werden zur Lightshow für den Dancefloor. Die schnöseligen Handelsreisenden, die der Song beschreibt, mögen zwar albern und blasiert in ihrer Wichtigtuerei sein, aber vielleicht verdienen sie ihr Geld auch im Waffenhandel.

Doch beide Interpretationen des Songs – eine Parodie auf neoliberales Gebaren oder eine Warnung davor, mit welcher Leichtfertigkeit der internationale Waffenhandel agiert – hatten definitiv nichts mit meinen Lebensumständen im Herbst 1996 zu tun. Ganz im Gegenteil: Meine internationale Reisetätigkeit war sozial motiviert und mein Flug in die USA war alles andere als Business Class. Für mich zählte etwas anderes: Ich war auch Single und auch irgendwie bilingual. Aber definitiv deutlich mehr Single. Und das reichte aus, um mich mit dem Protagonisten des Songs zu identifizieren. Das Lied mag zwar als bissige Satire gedacht sein, aber trotz aller Ironie ging das Lied mir nahe. Ich hatte echte Empathie für die Hauptperson des Songs, sosehr sie auch eine Parodie sein mochte. Ich fühlte mich auch ein bisschen wie ein Handelsreisender. Und ich spürte die Einsamkeit der Erzählerstimme. Selbst wenn die Pet Shop Boys den Protagonisten des Songs der Lächerlichkeit preisgaben, so hatten sie ihm doch eine Menschlichkeit gegeben. Auch hier wurde wieder ein aktueller Aspekt aufgegriffen: Die immer stärker neoliberal optimierte Arbeitswelt wurde kritisch betrachtet, aber eben gleichzeitig mit einem gewissen Interesse, einem gewissen Spaß. Nichts in dieser Musik, dem Text, dem Video suggeriert, dass die Pet Shop Boys sich dadurch aufwerten wollen, dass sie auf den Kapitalismus schimpfen.

Meine Zivi-Unterkunft in New York war ein ziemliches Desaster. Es handelte sich um ein klitzekleines WG-Zimmer in einem vierstöckigen, sehr alten Altbau am Times Square. Nichts funktionierte. Klo und Dusche teilte ich mir mit den Obdachlosen, die in den anderen Zimmern untergebracht waren. In der Dusche fiel oft genau dann, wenn man sich eingeseift hatte, das *kalte* Wasser aus und es kam nur noch kochend heiße Lava aus der Leitung. Dann blieb mir nichts übrig, als einen Eimer mit dem heißen Wasser zu befüllen und so lange zu warten, bis es kalt genug war, um mir das Duschgel und Shampoo abzuwaschen. Mein Anrufbeantworter ging kaputt, weil eine riesige Kakerlake hineinkroch und zwischen die Zahnräder geriet. Gegenüber war ein Parkplatz. Die damals gängigsten Tonfolgen amerikanischer Auto-Alarmanlagen kann ich noch heute auswendig.

Wie gay mein neues New Yorker Umfeld war, wurde mir erst nach und nach bewusst. Direkt neben meiner Wohnung war eine lutherische Kirche mit Obdachlosenküche und einer guten Orgel. Kurz nach meiner Ankunft fragte ich, ob ich dort Orgel spielen dürfe, bekam kurzerhand einen Schlüssel für die Kirche in die Hand gedrückt, wurde aber auch sofort für den Kirchenchor gecastet. Als ich zu der ersten Chorprobe kam, war ich verwundert. Es waren überraschend viele Männer dort, nicht die üblichen drei Bässe und ein halber Tenor, die ich aus den deutschen Kirchenchören kannte, vor denen ich während meiner Kirchenmusikerausbildung geübt hatte. Die Männer hier hatten alle militärisch kurze Haare und waren sehr muskulös. Das wirkte alles sehr straight, als wäre ich in einer Gruppe singender Marines gelandet. Ich bekam Angst. Ich hatte mich ein Jahr vor meiner Abreise nach New York geoutet und war gespannt darauf, wie es wäre, hier offen schwul zu leben. Aber ging das hier, in dieser Gemeinde? Schon bereute ich, dass ich ausgerechnet zu der ersten Chorprobe ein rosa Polohemd angezogen hatte. Ich setzte mich zu den Tenören. Wenig später setzte sich einer von den grimmig dreinblickenden muskulösen Männern mit dem militärischen Kurzhaarschnitt neben mich. Er betrachtete, weiterhin sehr ernst dreinblickend, mein rosa Polohemd. Dann das rote Hemd, das er trug. Dann legte er mir die Hand auf das Bein und sagte: »Schatzi, das passt ja farblich gar nicht zusammen.«

Als ich 1998 nach Hamburg zurückkehrte, hatte ich erst mal die Schnauze voll von alternativen Wohnformen. Ich begann ein Praktikum bei der Hamburger Morgenpost, befragte am Fischmarkt Passantinnen zu ihrer Meinung zu Eros Ramazotti, interviewte Fans der Kelly Family, die in der Nacht vor dem Konzert vor der Alsterdorfer Sporthalle campierten. Und ich bewarb mich an der Filmhochschule in Potsdam.

Ich stellte mir vor, wie ich nach Berlin ziehen und täglich mit der S-Bahn nach Babelsberg fahren würde, um mich dort zum Drehbuchautor ausbilden zu lassen, und sah mich schon auf allen Berlinale-Partys. Potsdam lud mich zu einem Aufnahmegespräch ein, behandelte mich mies und lehnte mich ab. Damals fand ich das schlimm, heute weiß ich, dass es in der Filmbranche und auf den Berlinalepartys nicht gerade die Drehbuchautorinnen und -autoren sind, um die sich alles dreht, und bin eigentlich ganz froh.

Ich schrieb mich für eine Random-Magister-Kombination an einer Berliner Universität ein, da las ich davon, dass es in Leipzig ein Literaturinstitut gebe, eine Art Kunsthochschule für die Kunst des Schreibens. Ich bewarb mich, wurde im Aufnahmegespräch gut behandelt. Und angenommen. Somit war die Frage »Should I write a book or should I take to the stage« erst einmal beantwortet.

Ich merkte bald, dass Leipzig, auch was die Höhe der Mieten anbetraf, das Gegenteil von New York war. Die Mieten waren unglaublich niedrig. In Leipzig konnte ich das machen, was in New York utopisch gewesen wäre: Ich mietete eine 40-Quadratmeter-Wohnung für mich allein, als Erstmieter in einem gerade fertiggestellten Neubau! Dann merkte ich allerdings schnell, dass ich stylemäßig damit voll danebenlag. Das Studium am Deutschen Literaturinstitut (DLL) war eine wunderbare Sache. Viele meiner Kommilitoninnen und Kommilitonen liebte und bewunderte ich sehr. Allerdings hatten viele von ihnen einen ganz anderen Zugang zu Lebensstil und Kultur als ich. Gerade einige der Westdeutschen unter ihnen schätzten an Leipzig vor allem den authentischen linksalternativen Lifestyle. Sie wollten in abgerockten Jahrhundertwendebauten mit Kohleöfen wohnen und sich bei abendlichen Besäufnissen mit steilen marxistischen Thesen überbieten. Da war er also wieder, dieser ostentativ alternative Indie-Dünkel, der mir schon in den frühen Neunzigerjahren in der Hamburger Schule ein bisschen verlogen vorgekommen war. Die meisten meiner Kommiliton:innen stammten aus dem bürgerlichen Milieu, und doch hatten sie sich hier in Leipzig sorgfältig ein Leben kuratiert, das wie eine Mischung aus Hausbesetzertum und spätsozialistischer Bürgerprotestbewegung aussehen sollte. Seit meinen Aufenthalten in Kasachstan und Manhattan hatte ich wenig übrig für diese Art der privilegierten Sozialromantik. Ich hielt es für angemessener, eine Neubauwohnung zu mieten und mir meinen gesamten Hausstand bei einem einzigen IKEA-Einkauf zu kaufen, anstatt jedes Wochenende auf Flohmärkten nach imaginierter Arbeiterklasse-Authentizität zu suchen.

Als ich zum ersten Mal im ersten Semester ein paar andere Studentinnen und Studenten der Literatur in meine IKEA-vollverschalte Neubauwohnung einlud, waren sie entsetzt. Es war ihnen vollkommen unverständlich, wie jemand freiwillig in einen Neubau ziehen konnte, wenn doch nebenan die wunderbarsten Schrottbuden standen! Mein Kommilitone A. schritt kopfschüttelnd durch mein Wohnzimmer. Er ging zu meiner Musikanlage und griff die Hülle der CD, die sich gerade noch im CD-Player befand. Es war *Bilingual* von den Pet Shop Boys. Er hielt die CD-Hülle hoch und sagte dann vorwurfsvoll: »Die CD war in deinem Komplettpaket hier wohl auch enthalten, oder?« Niemand lachte. Für meine Gäste war das kein Witz, sondern eine existenzielle Angelegenheit. Ich nahm ihm diese Spitze nicht übel, immerhin fand ich das Aufeinanderprallen der verschiedenen

Lebensentwürfe ja auch ein bisschen lustig. Aber vor allem war ich überrascht, dass mein Kommilitone die Pet Shop Boys überhaupt nicht als Band mit künstlerischem und theoretischem Anspruch wahrgenommen hatte. Für ihn handelte es sich dabei um Mainstream-Pop, der genauso konsumoptimiert und seelenlos war wie alle meine billigen IKEA-Möbel. Ob er wohl jemals bei einem der Songtexte der Pet Shop Boys genau hingehört hatte?

An dieser Stelle kommt ein kleiner Zeitsprung von 1999 nach 2002. Grund dafür sind zwei Dinge. Der erste Grund ist das Studium am DLL. In meiner Kohorte von Studierenden herrschte ein anderer Umgang mit Popmusik, als ich es von meinen Hamburger Freunden gewohnt war. So richtig angesagt waren Bob Dylan und Tom Waits. David Bowie war ihnen schon zu verrückt, artifiziell und kommerziell. Das Studierendenleben am Literaturinstitut in Leipzig war sicher sehr alternativ und sehr authentisch – an der vordersten Front des Pop-Diskurses befand man sich allerdings nicht. Der zweite Grund für meine schockierende Pop-Abstinenz war meine erste längere feste Beziehung. Mein Freund Gunnar Klack konnte sich zwar für Popmusik begeistern, aber er hatte nicht den missionarischen Eifer, den ich von Freunden aus meiner Schulklasse kannte. Er studierte Architektur an der Berliner UdK und hatte Kommiliton:innen, mit denen er viel auf Konzerte ging – Peaches, LeTigre, Zoot Woman, Suede. Und ich merkte, dass für mich der eigene Musikgeschmack auch etwas damit zu tun hatte, wie man potenzielle Liebhaber beeindrucken konnte. Nun, dank fester romantischer Zweierbeziehung, fehlte mir ein bisschen die Motivation, die Spex zu lesen und mir jede neue Platte anzuhören. Also kreisten meine Gedanken vornehmlich um die Literatur. Je länger ich in Leipzig wohnte, desto mehr rückte Popmusik für mich in den Hintergrund.

Im Frühjahr 2002 bezog ich ein WG-Zimmer in Seltjarnarnes, der Halbinsel am westlichen Stadtrand von Reykjavík, Island. Der Vollständigkeit halber sei erwähnt, dass meine Familie väterlicherseits aus Island stammt. Als Kind verbrachte ich viele Sommerferien bei Freunden meiner Eltern in Reykjavík und hatte schon lange geplant, irgendwann, zumindest temporär, meinen Wohnsitz in die Heimat meiner nördlichen Vorfahren zu verlegen. Der Anlass, diesen lang gehegten Plan endlich in die Tat umzusetzen, war allerdings weniger glorreich. Im Herbst 2001 hatte mein Freund Gunnar nach dreijähriger Beziehung mit mir Schluss gemacht. Kurz vor der Trennung war ich sogar nach Berlin gezogen, damit wir uns die nervige Fahrerei zwischen Leipzig und Berlin ersparen konnten. Im Herbst 2001 saß ich nun in Berlin und musste mitansehen, wie nicht nur die Türme des World Trade Centers in sich zusammenfielen, sondern auch mein romantischer Plan vom Pärchenleben in Berlin. Uns beiden erschien es unerträglich, am Ort unserer gescheiterten Beziehung zu bleiben. Unabhängig voneinander wählten wir beide das Exil. Gunnar begann 2002 ein Erasmus-Jahr an der Glasgow School of Arts, und ich studierte an der Universität Reykjavík isländische Sprache und Literatur. Die erste Post, die mich an meinem neuen Wohnort erreichte, war eine Sendung von meinem alten Schulfreund Martin Hossbach, der mir eine selbst gebrannte Kopie des neuesten Pet-Shop-Boys-Albums *Release* schickte. Ich hatte über die Platte schon in der Musikpresse gelesen und war ein wenig skeptisch. Angeblich war *Release* rein akustisch eingespielt, die Band habe jetzt etwas *Authentisches* gemacht, ganz *echt* und ohne prätentiösen Pomp. Das waren keine guten Nachrichten. Sollten die Pet Shop Boys etwa ihren eigenen Anspruch fallen gelassen haben? Keine Ironie, kein doppelter Boden, keine versteckten Anspielungen? Bereits im Jahr 2002 war klar, dass die Anschläge vom 11. September das eigentliche Ende der Neunzigerjahre markierten und damit ein neues Jahrtausend voll neuer Ernsthaftigkeit einläuteten. Bereits am 12. September 2001 sprach die westliche Welt vom Ende der Ironie. Aber dass das Ende der Ironie innerhalb weniger Monate auch schon bei den Pet Shop Boys angekommen sein sollte, das schien mir dann doch etwas zu drastisch. Zum Glück bewahrheitete sich meine Befürchtung nicht.

Release berührte mich auf eine ganz andere Art und Weise. Als hätten Neil Tennant und Chris Lowe von meinem Liebeskummer gehört, spendete mir diese Platte genau den Trost, den ich nach der Trennung brauchte. »There's a plane at JFK to fly you back from far away. All those dark and frantic transatlantic miles. Oh tonight I miss you, oh tonight I wish you could be here with me«, heißt es in *Home and Dry*, der ersten Single aus dem Album. *Home and Dry* wurde mein ständiger Begleiter auf meinen Wegen von Seltjarnarnes zur Universität. Besonders gern hörte ich das Lied, wenn ich wieder zu Hause angekommen war, nachdem ich 45 Minuten bei Windstärke elf und Regenschauern durch die Stadt gestiefelt war. An solchen Tagen legte ich mich ins Bett, wickelte mich in die Bettdecke ein und dachte an die niedlichen Mäuse aus dem Musikvideo zu *Home and Dry,* die es sich in ihren Nestern zwischen den steinigen Gleisbetten von U-Bahn-Tunneln auch sicher gemütlich gemacht hatten.

Das Video zu *Home and Dry* hatte der Fotograf Wolfgang Tillmans gemacht. Ganz anders als Musikvideos üblicherweise zeigte es keine Musiker, Models oder bunt animierte Grafik, sondern nur kleine graue Mäuse, die zwischen den Steinen unter U-Bahn-Gleisen umherwuseln, gelegentlich in eine auf die Gleise geworfene Verpackung eines Schokoriegels hineinkriechen und wieder heraus. Das war vielleicht nicht besonders transgressiv, aber es war ungemein niedlich. Damals erschien mir diese Zusammenarbeit durchaus sinnfällig. Immerhin wohnte Tillmans ja schon seit

Jahren in London und hatte im Laufe der Zeit in gewisser Weise einen ähnlichen Status wie die Pet Shop Boys erlangt. Auch Wolfgang Tilmanns kann man guten Gewissens als einen der Säulenheiligen der queeren Kultur bezeichnen. Und da sowohl die Pet Shop Boys als auch Wolfgang Tillmans heute Wohnungen in Berlin besitzen, kann es durchaus passieren, dass man allen drei auf einmal begegnet – auf einer Ausstellungseröffnung in Charlottenburg oder in einer Schwulenbar in Schöneberg.

Home and Dry fand ich auch besonders anrührend, weil die Mäuse im dazugehörigen Musikvideo sich ihr Zuhause zwischen grauen und harten Steinen gemacht hatten. Das hatten die Isländer schließlich auch getan. Es gab sogar Parallelen zu dem Haus, in dem ich wohnte. Mein erstes Reykjavíker Zuhause hatte nämlich auch eine erstaunlich große Menge grauer, harter und unverputzter Stellen zu bieten. Mein WG-Zimmer lag in einem Einfamilienhaus, das einer Malerin namens Borghildur gehörte, genannt Bogga. Sie hatte das Haus zusammen mit ihrem Lebensgefährten gebaut, doch bevor es fertig wurde, ging die Beziehung auseinander. Bogga verdiente als Malerin nicht viel Geld. Sie lebte davon, dass sie Malkurse gab. Damit ein riesiges Haus mit Meerblick in einer der besten Reykjavíker Lagen zu finanzieren, war ausgeschlossen. Doch Bogga hatte sich in den Kopf gesetzt, es zu schaffen, und hielt trotzig weiter die Stellung in ihrem unvollendeten Haus. Der Schmerz der Trennung war schlimm genug, wenn sie jetzt auch noch dieses Haus – deren Böden sie bereits aufwendig bemalt hatte, um keinen Bodenbelag kaufen zu müssen – hätte aufgeben müssen, hätte das alles nur noch schlimmer gemacht. Das Haus war zu einem Symbol dafür geworden, dass Bogga diese Trennung überwinden würde. Also holte sie sich Mitbewohner ins Haus, die allesamt eine Bedingung erfüllen mussten: Sie mussten Singles sein. Da ihr das bürgerliche Familienglück verwehrt blieb, wurde jetzt ein Kontrastprogramm gefahren: Bogga castete sich als Mitbewohner ausschließlich von der Liebe enttäuschte Menschen: eine norwegische Physiotherapeutin, einen spanischen Austauschstudenten, einen Schweden, der irgendwas machte – und mich. Da wohnte ich nun in diesem halbfertigen, ehemaligen Wohntraum, den Bogga kurzerhand zu einer Trutzburg der in Liebesdingen Enttäuschten umgewidmet hatte. In regelmäßigen Abständen kamen – größtenteils geschiedene – Freundinnen von Bogga vorbei und spendeten Möbel und Trost. Wenn ich morgens in die Küche kam, nahm ich mein Frühstück zwischen unverputzten Betonwänden ein, das Badezimmer hatte keine Kacheln. Und dieser Neo-Brutalismus war keineswegs ein gewolltes Designstück. Es war nicht so, dass hier Arno Brandlhuber eine weitere Anti-Villa gebaut hätte. Es war einfach kein Geld da.

Vermittelt hatte mir das Zimmer mein Autorenkollege Andri Snær Magnason, Bogga ist seine Tante. Am Anfang wusste ich natürlich nicht, dass sie bei der Auswahl ihrer Mitbewohner darauf achtete, dass diese keine Partnerinnen oder Partner im Schlepptau hatten. Das hatte sie mir erst nach einigen Wochen gesagt. Dabei hatte sie überhaupt nichts gegen die Vorstellung, dass Paare in ihren Zimmern Sex hatten. Sie wollte einfach nicht ins Fernsehzimmer kommen und auf dem Sofa ein kuschelndes Pärchen vorfinden, sie ertrug die Vorstellung nicht, dass ihre Mieterinnen und Mieter unter ihrem Dach eine Form von Pärchenglück performten. Wobei Bogga an Paaren etwas anderes noch sehr viel mehr hasste, wie sie mir damals auch sagte: »Sie *kochen* andauernd zusammen, Kristof. Und dann sitzen sie da bei Kerzenlicht, und das ganze Haus riecht nach *Essen!*« Bogga ernährte sich von Käse, Joghurt und Crackern. Wenn sie einmal Leute zum Abendessen einlud, servierte sie zu diesen Crackern ihren gefürchteten Krabbensalat: Sie schmiss gefrorene Krabben in Joghurt und vermischte das Ganze mit Curry-Ketchup. Wenn die Gäste Glück hatten, wurde er erst serviert, wenn die Krabben aufgetaut waren.

Mit dem neuerlichen Single-Dasein wurde es für mich wieder interessanter, meinen Wissensstand in puncto aktueller Popmusik aufzumöbeln. Ich hatte großen Nachholbedarf, insbesondere was die Neo-Post-Punk-Bands anging, die in den vergangenen zwei Jahren wie Pilze aus dem Boden geschossen waren – The Strokes, The White Stripes, The Vines, The Hives, The Killers, The Kills, The Thrills, The Kooks, The Libertines, The Datsuns, The Zutons, The Von Bondies, The Futureheads, The Raveonettes, The Stills, The Shins, The Sounds. Das war die Währung, mit der man in der Indie-Hipster-Szene von Reykjavík punkten konnte. Alle Gespräche drehten sich darum, wer welche Platte schon gehört hatte und wer welche Band schon gekannt hatte, bevor sie überhaupt erst eine Platte aufgenommen hatte. Mir erschien das zwar ein bisschen albern, aber ich war 26 Jahre alt und auf der Suche nach potenziellen Liebhabern. Also zog ich mir pflichtbewusst alle The-Bands rein und versuchte, die wenigen Homosexuellen unter den Reykjavíker Indie-Hipstern wenigstens ein bisschen zu beeindrucken. Ging mit meinem ersten Date auf das The Strokes-Konzert. Trotz bedingungsloser Fokussierung auf absolute Hipness war die Szene in Reykjavík offener für Chartspop als meine sozialen Umfelder in Hamburg, Leipzig oder Berlin. Meine Begeisterung für die Pet Shop Boys wurde mir gar nicht negativ ausgelegt. Der Klub *Spotlight* war der Treffpunkt für die queere Szene, und hier machte man keinen Unterschied zwischen Underground und Mainstream. Jedes Wochenende traf ich hier meine neu gefundenen schwulen Freunde, und Jonsí, der Frontmann der Band Sigur Ros, tanzte ausgelassen zu Shakira, Kylie Minogue und 'N Sync. An manchen Tagen schaute Damon Albarn von Blur in Reykjavík vorbei, um einmal nachzusehen, ob in der Bar, die er zwischenzeitlich gekauft hatte, alles beim Rechten war. Und wenn ich in die Videothek ging, um mir Filme auszuleihen, bekam ich sie manchmal von Björks Sohn ausgehändigt, der hier seinen ersten Teenager-Ferienjob hatte.

Um die langen Fußwege von der Innenstadt nach Seltjarnarnes abzukürzen, kaufte ich mir einen sehr, sehr, sehr billigen Gebrauchtwagen. Es war ein 1987er Mazda 323 mit Stufenheck. Der Vorbesitzer hatte das Original-Radio gegen einen CD-Spieler ausgetauscht, sodass ich mich auf gemütliche Überlandfahrten mit lauter Musik freuen konnte. Ich schob die CD *Release* in den Schlitz und gurkte über schlecht asphaltierte Landstraßen. Ein Song, der mir immer wieder auffiel, war das Stück *London.* Es kam mir wie eine Antwort auf das ältere *Go West* vor. Während *Go West* von einem überenthusiastischen westlichen Individualismus träumte, beschrieb der Song *London* die Kehrseite der Medaille. Die Männer, die in *Go West* noch so begeistert die ehemaligen Sowjetrepubliken Richtung Westen verlassen hatten, waren zu Kleinkriminellen der Londoner Unterwelt geworden. »We were in

London, tell it like it is. Looking for hard work or credit card fraud. What do you expect from us? We come from abroad.« Und deren Emigration war vielleicht gar nicht vom Glücksversprechen des Westens motiviert, sondern von der Angst, in einen der lokalen Kriege verwickelt zu werden. »We came from the far North, summered in Crimea, deserted the armed forces, had to disappear, made it to the free West, on a chartered flight. So we could see what we trained to fight.« Was mir sowohl an *Go West* als auch an *London* besonders gefiel, war die Erzählerperspektive. Die Pet Shop Boys entschieden sich gegen einen platten Von-oben-herab-Realismus. Sie vermieden es, aus sicherem Abstand mit dem Finger auf die Probleme anderer zu zeigen. Stattdessen waren beide Songs – *Go West* und *London* – aus der Perspektive von jemandem erzählt, der selbst aus Osteuropa stammt und nun nach der Wende in den Westen schaut. Bei *Go West* steht die Reise noch bevor, *London* hingegen ist ein Rückblick auf das bereits Erlebte nach dem Auswandern aus Russland nach Großbritannien. Ich dachte an die vielen Leute, die aus Polen nach Island gekommen waren, um hier bessere Arbeit zu finden. Island hatte Einwanderung dringend nötig. Manchmal hatte ich den Eindruck, dass der Genpool auf der Insel doch ein bisschen zu wenig von der Globalisierung mitbekommen hatte. Durch die Genealogien in den mittelalterlichen Handschriften und die gut erhaltenen Kirchenbücher ist es möglich, die Abstammung fast jeder Isländerin und jedes Isländers bis zur Zeit der Besiedlung im 9. Jahrhundert zurückzuverfolgen. Ist alles online. Eine Zeit lang fand ich es lustig, nach einem One-Night-Stand am nächsten Morgen in der Datenbank nachzuschauen, über wie viele Ecken ich mit meiner Eroberung der letzten Nacht verwandt war. Aber nach einer Zeit spürte ich eine gewisse Beklemmung. Also setzte ich mich in meinen schrottigen Mazda, fuhr über Schotterpisten bis zum Flughafen Keflavik, hörte *London* von den Pet Shop Boys und stellte mir vor, dass in den vom europäischen Festland ankommenden Flugzeugen die Menschen saßen, die keine Lust mehr auf das postsozialistische Chaos in ihren osteuropäischen Heimatländern hatten und nun in Island ein neues Leben voller neuer Chancen suchten.

Mein Zimmer in Boggas Haus hatte mir gute Dienste geleistet. Als ich in Reykjavík ankam, kannte ich kaum jemanden in der Stadt. Das Leben bei Bogga war ein bisschen wie in einer Kommune, ständig ging und kam jemand, das Haus war voller Leben. Für mich war es wunderbar, um mich von der Trennung des vergangenen Herbstes zu erholen. Doch auch diese Phase ging vorbei, als ich Pétur Valsson kennenlernte. Pétur arbeitete damals als Cutter für eine Filmfirma, die Videos über Islandpferde produzierte. Bogga fand Pétur super, sie lud uns bei jeder Gelegenheit ins Theater oder ins Museum ein – nur Besuche zum Essen von Partnern fand sie weiterhin nicht gut, sodass ich mich darauf beschränken musste, für Pétur gelegentlich geruchsarme Pastagerichte zu kochen, wenn Bogga nicht zu Hause war. An einen normalen Alltag, den ich mit Pétur gern einmal ausprobiert hätte, war nicht zu denken. Und es gab noch einen zweiten Nachteil meiner damaligen Wohnsituation: Alkohol war auch verboten. In Boggas Familie hatte es viele Alkoholiker gegeben, sie hegte einen verständlichen Groll gegen die Substanz, die ihre Kindheit verhagelt hatte.

Doch bevor ich einen Umzug in die Reykjavíker Innenstadt angehen konnte, stand etwas anderes auf dem Plan, das eine noch höhere Priorität hatte. Der

Zeitpunkt war gekommen, um meinen ersten Roman zu beginnen. Der Roman sollte isländische Lebensrealität und Kulturgeschichte enthalten sowie queere Befindlichkeiten und jede Menge Action. Und natürlich die Geschichte einer großen, in die Brüche gegangenen Liebe erzählen. Aber vor allem sollte es ein Stück Popliteratur werden – ein Buch, in dem alle Romanfiguren ständig coole Musik hörten und aus Popsongs zitierten. Ich nahm mir die Texte der Pet Shop Boys vor. Die bereits zitierten Zeilen aus *Home and Dry* waren eine Inspiration für die emotionale Färbung, den Tonfall des von mir zu schreibenden Textes, ich finde diese Zeilen so schön, ich zitiere sie noch mal:

»There's a plane at JFK to fly you back from far away. All those dark and frantic transatlantic miles. Oh tonight I miss you, oh tonight I wish you could be here with me.« Ich vergrub mich in alte CDs von Belle & Sebastian, Rufus Wainwright und Lambchop. Eine Platte der Pet Shop Boys, die ich zwischenzeitlich gar nicht wahrgenommen hatte, hörte ich bei dieser Gelegenheit überhaupt zum ersten Mal – *Nightlife* von 1999. Das Beste an *Nightlife* sind eigentlich zwei sehr lange Songtitel: *I Don't Know What You Want but*

I Can't Give It Any More und *You Only Tell Me You Love Me When You're Drunk.* Nie zuvor war mir aufgefallen, dass das Scheitern von Beziehungen ein großes Thema der Pet Shop Boys war. Und obwohl beide Songs Situationen beschrieben, die ich aus meiner gescheiterten vorherigen Beziehung so nicht kannte, konnte ich mich mit der emotionalen Zustandsbeschreibung der Lieder identifizieren. Irgendwas war schiefgelaufen. Die beiden Songs erzählen von Situationen, in der ein Partner in der Beziehung genau benennen kann, wo das Problem liegt. Ich konnte das gar nicht so gut. Ich versuchte, der Hauptperson in meinem gerade entstehenden Roman die Art von Klarsicht zu geben, die Neil Tennant der Erzählerstimme auf *Nightlife* gegeben hatte. Doch wie konnte ich das tun, wenn ich selbst nicht genau wusste, was eigentlich los war? War das der eigentliche Grund dafür, dass mein erster Roman so wurde, wie er wurde?

Die extrem langen Songtitel wurden dann ja auch erst im weiteren Verlauf der Nullerjahre zu einem echten Trend. Jetzt verbinde ich mit übertrieben langen Songtiteln vor allem Emo oder Panic at the Disco. Und 2001 veröffentlichten Bright Eyes ein Album mit dem übertrieben langen Titel *Lifted or The Story Is in the Soil, Keep Your Ear to the Ground.* Aber der Granddaddy aller übertrieben langen Songtitel stammt immer noch von Pink Floyd: *Several Species of Small Furry Animals Gathered Together in a Cave and Grooving with a Pict* (1969). Ich kann mir allerdings kaum vorstellen, dass Pink Floyd eine große Inspiration für die Pet Shop Boys gewesen waren. Das visuelle Konzept, das die Pet Shop Boys für *Nightlife* entwickelt hatten, irritiert mich noch heute. Ihre vom Kabuki-Theater inspirierten Kostüme wären auf einem Laufsteg einer echten Modenschau womöglich nicht weiter aufgefallen. Aber die aufgeklebten Augenbrauen halte ich auch 22 Jahre später noch für eine der fragwürdigsten Aktionen der Pet Shop Boys überhaupt. Immerhin trugen Neil Tennant und Chris Lowe im Video zu *You Only Tell Me You Love Me When You're Drunk* die aus Titandraht gebogenen Brillen der Firma Lindberg. Dieser Brillen-Klassiker wurde von den Architekten Hans Dissing und Otto Weitling entworfen, die ihrerseits als Mitarbeiter von Arne Jacobsen diverse baukünstlerische Meisterwerke der Nachkriegsmoderne mitgeplant haben – unter anderem das Rathaus von

Mainz. Jahre später habe ich mir dieses Modell als Fassung für meine normale Korrekturbrille gekauft und trage sie auch jetzt, während ich dieses hier schreibe.

Das Jahr 2002 neigte sich langsam dem Ende zu und das Wetter wurde wieder schlechter. Die ersten schweren Stürme kamen, einer von ihnen riss die Motorhaube von Boggas Auto auf. Nach jedem schweren Sturm war die Vorderseite unseres direkt am Meer gelegenen Hauses mit Salz verkrustet. Und die Hinterseite mit Kaffeesatz und Pizzaresten aus der umgewehten Mülltonne der Nachbarn. Meine abseitige Wohnlage im Vorort Seltjarnarnes erfüllte mich mehr und mehr mit Besorgnis, denn mein Auto machte immer häufiger schlapp. In den Kühler hatte sich ein kleines Leck hineingerostet, sodass an den Rändern der Motorhaube umso mehr Dampfwölkchen aufstiegen, je heißer der Motor lief. Auf der Rückbank türmten sich volle und leere Wasserflaschen, da ich alle paar Kilometer Kühlflüssigkeit nachfüllen musste. Das Ende des Wagens stand unmittelbar bevor. Als der Kostenvoranschlag von der Reparaturwerkstatt kam, machte ich einen Kassensturz. Das Ergebnis: Es würde billiger sein, für die Wintermonate ein Zimmer in der Innenstadt von Reykjavík zu mieten, als in die olle Karre einen neuen Motorkühler einbauen zu lassen. Also nahm ich den Umzug in Angriff. Am Ende waren es also gar nicht die strengen Verbote meiner Vermieterin Bogga hinsichtlich Pärchenromantik und Alkohol, weswegen ich mein Zimmer in ihrem Haus aufgab; der Grund war das Ableben meines schrottigen Autos.

Zum Glück hatte ich in den vergangenen Monaten viele nette Leute in Reykjavík kennengelernt. Mit dabei war der Besitzer vom Spotlight, Siggi, der – ähnlich wie Bogga – ein kleines Haus besaß und einzelne Zimmer vermietete. Allerdings stand Siggis Haus unmittelbar in der Reykjavíker Innenstadt, und die Miete war gar nicht so viel höher als in Boggas Vorort. Im Spotlight hatte ich viel Zeit verbracht und dort auch meinen Freund Pétur kennengelernt. Der Klub war das spirituelle Zentrum derjenigen Stadtbewohner, die gleichzeitig queer und musikbegeistert waren. Vor einem Publikum von wenigen Hundert Leuten traten hier international bekannte Acts wie beispielsweise Marc Almond auf. Aus Berlin kamen Stereo Total ins Spotlight, was sich anbot, weil sie am Tag zuvor bei den Reykjavíker Gay-Pride-Festivitäten gespielt hatten. Ich konnte mir relativ sicher sein, dass Siggi nichts dagegen haben würde, wenn Pétur einmal zu mir zu Besuch kommen wollte. Sicherheitshalber fragte ich ihn trotzdem: »Mein Freund kann auch mal bei mir übernachten, oder?« Seine Antwort habe ich bis heute nicht vergessen: »Von mir aus kannst du auch den gesamten Reykjavíker Männerchor in deinem Zimmer übernachten lassen.«

Um meine letzten Fahrten und den Umzug zu erledigen, brauchte ich ein Auto. Glücklicherweise hatte ich durch Bogga einen Menschen namens Halldór kennengelernt, der heute ein guter Freund von mir ist und sich Halldór Högurður nennt, doch das ist nicht sein wahrer Nachname. Halldór war in Reykjavík bekannt wie ein bunter Hund. Er arbeitete als Radiomoderator, als Grafikdesigner, als Gagschreiber für eine Fernseh-Comedyshow und er schrieb preisgekrönte Krimi-Kurzgeschichten. Vor allem aber kannte Halldór viele Leute, darunter auch den Autovermieter Elías, der jemanden suchte, der seine Allgemeinen Geschäftsbedingungen ins Deutsche übersetzte, um so zur bevorzugten Anlaufstelle für Tourist:innen aus Deutschland zu werden. Ich konnte Deutsch und brauchte einen Mietwagen. Halldór vermittelte den Deal. Ich übersetzte den Text aus dem Isländischen ins Deutsche und sollte dafür, anstatt Geld, für zehn Tage eines seiner Mietautos bekommen. Die Arbeit war schnell erledigt, ich schickte die Übersetzung per Mail an den Chef der Autovermietung – und hörte dann nichts. Tagelang. Mehr als eine Woche. Nachdem eine weitere Woche vergangen war, druckte ich die Übersetzung aus und ließ mich von Halldór in das Gewerbegebiet fahren, in dem die Autovermietung ihren Sitz hatte, und sah den Besitzer Elías zum ersten Mal, der eine derart grummelige ungewinnende Art hatte, dass ich mich fragte, wie er jemals auf die Idee gekommen war, in einer Servicebranche mit Kundenkontakt arbeiten zu wollen. Er musterte mich mit finsterem Blick und bat mich in sein Büro. Die Situation erinnerte mich an eine Szene aus dem Film *The Shining,* in der Jack Nicholson und Shelly Duvall das Büro von Hotelier Mr Ullman betreten. Elías war nur weniger gut gelaunt als Mr Ullman. Er sagte: »Da bist du ja endlich. Ich habe dir doch sofort auf deine Mail geantwortet und gesagt: Hol den Wagen.« Da fiel mir der neue Spam-Filter der Universität Reykjavík ein, bei der ich damals meine Mailadresse hatte. Offenbar musste seine Mail dort gelandet sein, dachte ich und sagte es auch, eher beiläufig, denn nun hatte ja alles geklappt. Doch Elías' Miene, ich hätte es nicht für möglich gehalten, verfinsterte sich noch weiter. Er fixierte mich und sagte sehr langsam und in einem Tonfall, als hätte ich ihn und sein Unternehmen tödlich beleidigt: »*Meine* Mail ist in *deinem* Spamfilter?!« Ich nickte betreten.

Wortlos stand er auf, griff einen Autoschlüssel und deutete mir, ihm zu folgen. Wir gingen auf den Parkplatz, und er führte mich zu dem kleinsten und ältesten Toyota, den er im Angebot hatte. »Viel Spaß damit«, murmelte er. Den Umzug konnte ich damit noch machen, wenige Tage später blieb die Mistmöhre liegen. Doch ich hatte den ersten Auftrag in einem Metier bekommen, das mich bis heute ebenso beschäftigt wie begeistert: das Übersetzen aus dem Isländischen. Der zweite Auftrag war dann gleich eine meiner schwersten Übersetzungen überhaupt: eine Weinkarte, auf der der Geschmack jedes einzelnen Weines ausführlichst beschrieben wurde.

Ein Teil des Pet-Shop-Boys-Gesamtwerks wird oftmals unter den Tisch gekehrt. Ich möchte die Gelegenheit nutzen, um einmal ganz ausdrücklich darauf hinzuweisen, wie toll die vier fortlaufend nummerierten Remix-Alben sind – *Disco* (1986), *Disco 2* (1994), *Disco 3* (2003) und *Disco 4* (2007). Dabei folgen diese vier Alben gar nicht demselben Prinzip. Zunächst waren es nur externe DJs, die die Pet Shop Boys remixten, später kamen immer mehr Tracks hinzu, bei denen die Pet Shop Boys ihre eigenen Stücke neu mischten. Vielleicht war *Paninaro 95* ein Startschuss für diese Entwicklung, denn mit dem Remix hatten die Pet Shop Boys ja auch Erfolg gehabt. Spätestens nach dem Anhören der Remix-Alben sollte einem klar sein, dass die Musik der Pet Shop Boys von Anfang an ganz nah an den elektronischen Klub-Sounds der jeweiligen Zeit dran war. Die allermeisten ihrer Songs sind so zusammengesetzt, dass hinter eingängigen Melodien und blumigen Instrumental-Arrangements ein recht amtlicher Techno-Sound lauert. Meine bereits erwähnte Befürchtung, die Pet Shop Boys hätten sich mit der Platte *Release* von der elektronischen Musik abgewandt, war also unberechtigt. Gerade weil sie in ihren Texten weiterhin jegliche vordergründige Authentizität vermieden. Die Gleichungen »akustisch = echt, natürlich und elektronisch = artifiziell, oberflächlich« können ja nicht stimmen. So einfach kann es nicht sein. Dass die Pet Shop Boys kurz nach der quasi akustischen Platte *Release* dann gleich das Remix-Album *Disco 3* veröffentlichten, beruhigte mich ungemein. Genau genommen war *Disco 3* sogar der Auftakt zu einer Phase, in der die Band noch elektronischer wurde und ihre Stücke geradezu zu Techno-Tracks. Dazu später mehr. Als ich 2003 das aktuelle Remix-Album hörte, deutete sich schon an, in welche Richtung das nächste musikalische Projekt der Band gehen würde.

Nach etwa anderthalb Jahren in Island hatten sich 2003 wieder ein paar Veränderungen in meinem Leben ergeben. Die Beziehung mit Pétur war schön, viele von den CDs, die er mir damals gebrannt hat, höre ich noch heute. Doch ich kam gedanklich einfach nicht von meinem Exfreund Gunnar los. Je länger ich mit Pétur zusammen war, umso sicherer wurde ich mir, dass ich einen echten Versuch unternehmen müsste, um an unsere gemeinsamen Jahre von 1998 bis 2001 anzuknüpfen. Meine Aufenthalte in Reykjavík wurden immer kürzer, meine Besuche in Berlin immer länger. Der Entschluss, nach Berlin zurückzukehren, fiel, als in Neukölln ein WG-Zimmer bei meinem ehemaligen Kommilitonen Tobias Hülswitt frei wurde. Die Aufführung der Pet-Shop-Boys-Performance von *Panzerkreuzer Potemkin* konnte ich dann 2005 schon auf der Berliner Museumsinsel miterleben. In den Jahren 2004 und 2005 erarbeiteten die Pet Shop Boys eine Neuvertonung des Zwanzigerjahre-Stummfilmklassikers *Panzerkreuzer Potemkin* von Sergeij Eisenstein. Die Filmvorführung mit Live-Performance wurde dann 2004 und 2005 in mehreren europäischen Städten aufgeführt. Streckenweise klingt die neue musikalische Untermalung des Films wie ein zeitgenössischer Minimal-Elektro-Track, dann wieder rutscht das Ganze mit viel Pathos in Richtung klassischer Orchestermusik, die in Berlin von den Dresdner Sinfonikern gespielt wurde, die man allerdings nur schemenhaft sah – sie saßen unter der Leinwand hinter einem Vorhang. Zwischendurch ergreift Neil Tennant sogar singenderweise selbst das Wort. Alles in allem ist das Projekt richtig amtliche Hochkultur mit viel künstlerischem Anspruch, ohne jemals zu ambitioniert zu wirken. Die schnell geschnittenen Szenen des Filmes wirken wie ein zeitgenössisches Musikvideo. Die Beats blubbern elegant vor sich hin. Während der Filmvorführung musste ich daran denken, wie im Jahr 2000 die Band Kraftwerk ein Stück zur Weltausstellung in Hannover produziert hatte. Ich mochte den Track *Expo 2000* schon immer, aber er kam mir damals nicht wie zeitgenössische elektronische Musik vor. Zwischen den Tönen von *Expo 2000* konnte man heraushören, welche konzeptuelle Gehirnakrobatik Ralf Hütter und Florian Schneider vollbringen mussten, um im Schweiße ihres Angesichts die verschiedenen Aspekte – elektronische Musik, eigene Bandgeschichte, Weltausstellung – irgendwie zu einem schlüssigen Ergebnis zu bringen. Was sollen denn die in die Jahre gekommenen Vordenker von Techno und Elektro auch machen, wenn ihre Musik einmal durch Jugend- und Klubkultur vollkommen vereinnahmt und wieder ausgespuckt wird? Es ist doch unglaubwürdig, wenn die Musiker:innen, die damals in ihren Wohnzimmern alleine mit Heimcomputern an Tracks gebastelt haben, nun plötzlich auf einem Mega-Rave auftreten sollen, nur weil das beides elektronische Musik ist? Ich fand es damals bemerkenswert, dass die Pet

Shop Boys und Kraftwerk so unterschiedlich mit der Herausforderung des Älterwerdens umgegangen sind. Die Panzerkreuzer-Potemkin-Neuvertonung wirkte auf mich selbstverständlicher und deutlich weniger verkopft als die Kraftwerk-Reunion. Vor allem war das Panzerkreuzer-Potemkin-Projekt bei Weitem nicht die erste Referenz zu Kommunismus und russischer Revolution im Werk der Pet Shop Boys. Die Pet Shop Boys blickten einfach sehr differenziert und ambivalent auf die Geschichte des Kommunismus. Die oben zitierte Zeile aus *West End Girls* (»We've got no future, we've got no past – Here today, built to last – In every city, in every nation – From Lake Geneva to the Finland station«) enthält eine Anspielung auf Lenins Rückkehr aus dem Schweizer Exil. Lenin fuhr mit dem Zug vom Genfer See nach St. Petersburg. Auch heute bin ich mir nicht sicher, ob ich diese Obsession der Pet Shop Boys mit der Russischen Revolution überhaupt gut finde. Sicher ist es eine schöne Sache, sich einen unvoreingenommenen Blick auf die Geschichte zu bewahren. Und so schön die Idee einer postmateriellen sozialistischen Gesellschaft auch sein mag, es beschleicht mich immer ein beklemmendes Gefühl, wenn Leute aus dem demokratischen Westen die historischen Symbole des Kommunismus des 20. Jahrhunderts abfeiern, sei es nur als Inspiration oder als künstlerische Referenz. Im Jahr 2005 habe ich mir allerdings noch nicht so viele Sorgen darum gemacht, ob es problematisch sein könnte, dass auch die Pet Shop Boys – trotz aller Verdienste für die queere Kultur – aus dem Blickwinkel privilegierter weißer Männer sprechen. Doch das ist ein Thema, auf das ich erst wieder ganz am Ende des vorliegenden Buches zurückkommen möchte.

BERLIN

Bis jetzt habe ich über mich und mein Verhältnis zu den Pet Shop Boys so berichtet, wie es sich im Laufe meines Lebens entwickelt hat. Dementsprechend habe ich beispielsweise meine Beschreibung des Musikvideos zu *Go West* so verfasst, dass sie in etwa die Gedanken abbildet, die ich mir damals schon gemacht hatte. Ab jetzt möchte ich das etwas anders handhaben. Ich werde in diesem dritten Abschnitt ab und zu ein paar Sachen aus der Vergangenheit herauskramen und schreiben, was mir heute dazu einfällt. Ein Beispiel hierfür wären die Songs, die die Pet Shop Boys zusammen mit Dusty Springfield aufgenommen haben, oder die Zusammenarbeit mit Liza Minnelli. Lieder wie *Losing my Mind* von Liza Minnelli und *In Private* von Dusty Springfield habe ich auch früher durchaus wahrgenommen, aber erst im Rückblick als Erwachsener wurde mir die Bedeutung der Sängerinnen klar.

Vielleicht ist es ja schon aufgefallen, aber in meiner bisherigen Erzählung kam die eigentliche Musik der Pet Shop Boys verhältnismäßig wenig zur Sprache. Es ging viel um die Texte, um eine generelle Haltung der Musiker zur Welt, es ging um Images, Konzepte und Videos, aber wenig um Sound. Das möchte ich jetzt nachholen. Denn gerade das musikalische Gewand der Pet Shop Boys eignet sich besonders gut für den retrospektiven, vergleichenden Blick. Rein biografisch und chronologisch befinden wir uns im Jahre 2006. Und wie der Zufall es will, erschien gerade in diesem Jahr ein Album der Pet Shop Boys, das selbst wie eine Retrospektive auf ihre eigene musikalische Vergangenheit daherkam. *Fundamental* entstand als Zusammenarbeit mit dem legendären Eighties-Produzenten Trevor Horn, der für die Pet Shop Boys schon *Left to my Own Devices* produziert hatte. Eigentlich hatten die Pet Shop Boys bis zum Erscheinen von *Fundamental* keinerlei Selbst-Musealisierung betrieben. Auf jedem Album war etwas Neues zu hören, etwas, das die Band so noch nicht gemacht hatte. Aber wir werden alle älter. Ich kann es niemandem verdenken, nach 22 Jahren eigenen Schaffens ein bisschen nostalgisch zu werden und sich auch mal eine kleine Wiederholung zu gönnen. Und spätestens das Video zu *I'm With Stupid*, der ersten Single des Albums, machte klar, wie sehr der Song als Retrospektive gemeint war. In dem Video stellen die beiden Schauspieler aus der Serie *Little Britain* – David Walliams und Matt Lucas – allerlei Szenen aus bekannten Pet-Shop-Boys-Videos der vergangenen Jahrzehnte nach. *I'm With Stupid* resümiert also rein visuell die Karriere der Pet Shop Boys bis zu diesem Zeitpunkt. Der Sound des ganzen Albums war geprägt von typischen Elementen des Achtzigerjahre-Synthie-Pops: quietschende Keyboards, scheppernde Blechbläser, bombastische Drumcomputer – typisch Trevor Horn halt.

2006 wohnte ich bereits wieder komplett in Berlin. Seit meinem Island-Aufenthalt hatte sich viel geändert – nicht nur in der Stadt, sondern auch im sozialen Gefüge meines Umfelds. Viele Leute aus meinem Freundeskreis, die in den Berliner Stadtteilen Mitte, Prenzlauer Berg oder Friedrichshain gewohnt hatten, zog es nach Kreuzberg und Neukölln. Um meine Neuköllner WG herum war es deutlich hipper geworden, man nannte es Kreuzkölln. Das stärkste Anzeichen des Wandels war, dass die runtergekommene Megastruktur am Kottbusser Tor mittlerweile ein paar nette Läden beherbergte. Die dortige Bar Möbel Olfe war quasi über Nacht kurz nach ihrer Eröffnung zum sozialen und spirituellen Zentrum einer ganzen Kohorte von Berliner Queers geworden, die sich irgendwie im weitesten Sinne als eine Art alternative Szene begriffen. Für mich fühlte es sich ein bisschen so an, als ob es auch einen Wandel gegeben hätte, was die Gesprächsthemen anging. Niemand redete mehr von angesagten Indie-Bands mit einem »The« im Namen. Stattdessen drehte sich alles viel mehr um Kunst. Die interessantesten Leute traf man gar nicht mehr bei Konzerten oder in Underground-Klubs, sondern in den Galerien Daniel Buchholz oder Peres Projects. Es kam mir vor, als hätte sich der Schwerpunkt des gesamten Kulturlebens von der Musik hin zur bildenden Kunst verschoben. Oder es lag einfach daran, dass ich älter geworden war? Einige meiner Freunde arbeiteten in Kunstgalerien oder als Assistenten von bildenden Künstlerinnen und Künstlern. Irgendwie war alles nicht mehr so weit voneinander entfernt wie früher. Als Musikfan hatte ich alles immer sehr stark aus der Fan-Perspektive wahrgenommen. Jetzt kam es aber immer häufiger vor, dass ich mich in Party-Smalltalk mit Leuten wiederfand, die ich früher nur aus der Ferne angehimmelt hatte. Zum Beispiel gehörten sowohl der Fotograf Wolfgang Tillmans als auch der REM-Sänger Michael Stipe zu den Stammgästen im Möbel Olfe sowie Françoise Cactus von Stereo Total und der bildende Künstler, Musiker und Autor Wolfgang Müller. Auch die Pet Shop Boys sah ich manchmal dort, zumindest Neil Tennant. Eine weitere Sache, die sich deutlich verändert hatte, waren die ästhetischen Ideale schwuler Männer. Auf einmal war ein Bart zum unverzichtbaren Accessoire geworden, und der Holzfäller-Look war allgegenwärtig. Dazu hatte sicher auch die gehypte schwule Lifestyle-Zeitschrift *Butt* beigetragen. Ein Besuch im Möbel Olfe an einem Donnerstag des Jahres 2006 fühlte sich an, als hätten sich die gesammelten Ausgaben des *Butt Magazines* in Kneipenform materialisiert. Passend dazu gab es dann in Berlin eine wiederkehrende Veranstaltung, deren Namen bereits Bezug auf diese Veränderung nahm, die Party-Reihe *Pet Shop Bears.* Das Wort *Bear* bezeichnet in diesem Fall den Szene-Ausdruck für einen Mann, der etwas dicker und haariger ist, also vom Schönheitsideal des glatt rasierten und durchtrainierten Männerkörpers abweicht. Dass die Veranstalter die Party *Pet Shop Bears* etablieren konnten, war nur möglich, weil einerseits der Ausdruck *Bear* mittlerweile zum allgemein verständlichen Vokabular gehörte, aber andererseits auch, weil die Pet Shop Boys zu einer festen Größe geworden waren, auf die man sich als Partyveranstalter beziehen konnte, ohne dass es seltsam wirkte. Bei einer Ausstellungseröffnung in der Galerie Daniel Buchholz stand ich einmal neben Neil Tennant auf dem Balkon. Ich habe zwar nicht mit ihm geredet, konnte jedoch das Gespräch mit anhören. Ein Gast fragte Neil Tennant, was er davon halte, dass es jetzt eine Party gebe, die nach seiner Band benannt worden sei. Neil selbst fand es fantastisch. Er sagte sogar, dass er dort selbst gern zum Tanzen hingehe. Darauf bemerkte ein anderer Mann aus der Runde, dass er den Namen *Pet Shop Bears* diskriminierend finde, weil er dem körperlichen Erscheinungsbild nicht gerecht werde, er sei schließlich kein *Bear.* Neil Tennant erwiderte, dass er sich auf der Party immer sehr willkommen fühle, obwohl er auch kein *Bear* sei. Der andere Gast antwortete darauf: »You may not be a bear, but you are Pet Shop.«

Auf eine indirekte Weise wurde mein Leben auch dadurch beeinflusst, dass mit dem Jahreswechsel 2006/2007 ein Großteil der Kölner Spex-Redaktion aus Protest gegen den Verleger gekündigt hatte. Der Verleger hatte den Umzug des Magazins nach Berlin beschlossen und in diesem Zuge offenbar die typischen neoliberalen Personaleinsparungen vorgenommen. Mich ließ das zuerst ziemlich sentimental werden, ich fühlte mich dem Kölner Team aus Loyalitätsgründen verbunden. Doch ich wollte auch nicht, dass sich mein Befremden angesichts der Maßnahmen des Verlegers gegen das neue Berliner Team wendete, das sich immerhin dazu bereit erklärt hatte, die Zeitschrift weiterzuführen, trotz der zu erwartenden Shit-Stürme.

Ich selbst hatte nie Ambitionen, etwas für die Spex zu schreiben. Aber in meinem direkten sozialen Umfeld sorgte der Redaktionsumzug für einige Bewegung. Martin Hossbach wurde Chef vom Dienst, sein langjähriger Vertrauter Max Dax Chefredakteur. Die Popkultur und ihr Personal kamen mir ein ganzes Stück näher. Ich habe ja bereits erwähnt, dass *Fundamental,* das 2006er-Album der Pet Shop Boys, gewissermaßen einen Rückgriff auf die guten alten Zeiten darstellte. Was ich aber in diesem Zusammenhang noch nicht erwähnt habe, ist, dass sich auch in meinem eigenen Leben mittlerweile ein kleiner Rückgriff auf die gute alte Zeit ereignet hatte. Irgendwie hatten Gunnar und ich es im Laufe des Jahres 2005 geschafft, unsere Beziehung noch einmal neu aufzurollen und wie erwachsene Menschen anzugehen. Und nun, 2006/2007, war einigermaßen klar, dass wir weiter ein Paar bleiben würden. Ich suchte eine kleine Wohnung für mich allein, und Gunnar zog in mein altes WG-Zimmer. Allerdings waren in der Zwischenzeit Martin und seine Freundin Feli in die Nachbarwohnung gezogen, sodass sich in diesem Haus ein ganzes Nest meiner engsten Vertrauten gebildet hatte. Martin holte seinen neuen Nachbarn Gunnar als Autor für die Spex an Bord, und zusammen mit Max Dax schauten wir 2007 das DFB-Pokalfinale, als Nürnberg in einem dramatischen Spiel den VfB Stuttgart besiegte. Mein eigenes Verhältnis zu Popmusik und Popkultur war bis dahin vor allem davon geprägt, dass ich als Konsument die Musik hörte und mich – wenn es passte – damit identifizieren konnte. Dieses Verhältnis war eine reine Fan-Perspektive, die sich eigentlich zwischen meinem fünfzehnten und dreißigsten Lebensjahr nicht großartig verändert hatte. Jetzt aber – ab etwa 2007 – rückte diese ganze Sphäre der Musiker:innen und Musikjournalist:innen sehr nah an mein eigenes Leben heran. In der Zwischenzeit war auch mein erster Roman *Zuhause* erschienen, und am Kurfürstendamm wurden busladungsweise Leute angekarrt, die Christoph Maria Herbst, Michael Kessler, Jürgen Tonkel und Bastian Pastewka in meiner Komödie *Männerhort* sehen wollten. All diese Faktoren sowie die Tatsache, dass ich einfach etwas älter geworden war, änderten meinen Blick auf Popmusik. Vielleicht wurde ich auch einfach nostalgischer, aber ich glaube, dass sich mein Verhältnis zu Kunst, Kultur und Popmusik dadurch verändert hatte, dass ich den Leuten nähergekommen war, die in diesen Bereichen arbeiteten.

An dieser Stelle möchte ich auch einen etwas anderen Blick auf die Pet Shop Boys werfen. Anstatt biografisch und chronologisch vorzugehen, möchte ich hier über zwei übergeordnete Kategorien im Gesamtwerk der Pet Shop Boys schreiben. Damit meine ich erstens Kooperationen mit anderen Musiker:innen und zweitens Coverversionen.

Allgemein gelten Coverversionen als eine geringere künstlerische und kreative Leistung, verglichen mit einem selbst geschriebenen Song. Dabei ist eine gute Coverversion doch eine großartige künstlerische Leistung! Eine tolle Coverversion kann origineller sein als ein öder – aber selbst geschriebener – Song. Außerdem gehört es sich für jeden Musiker, jede Musikerin, jedes Projekt und jede Band, mindestens eine Coverversion im Repertoire zu haben. Nun ist es aber so, dass es sich bei zwei der größten Hits der Pet Shop Boys ausgerechnet um Coverversionen handelt – *Go West* und *Always on my Mind.* Aber was bedeutet das? Bedeutet das, dass die Pet Shop Boys nicht so viele gute Songs schreiben konnten wie, äh, die Village People? Rein quantitativ kann man das Phänomen Coverversion nicht betrachten. Vor allem kann man den Pet Shop Boys nun wahrlich keine mangelnde Kreativität und keine mangelnden Songwriting-Qualitäten unterstellen. Ein Beweis dafür wäre ja, dass die Band selbst Songs für andere Musiker:innen geschrieben und produziert hat. Und genau bei diesem Aspekt möchte ich ein bisschen verweilen. Um genauer zu sein: Ich möchte über Dusty Springfield schreiben.

Je nachdem, ob man die Remix-Alben mitzählt oder nicht, war *Actually* das zweite oder dritte Album der Pet Shop Boys. Es erschien 1987 und enthielt Lieder wie *It's a Sin, Rent* und *What Have I Done to Deserve This?*. Letzteres war die erste Zusammenarbeit der Pet Shop Boys mit Dusty Springfield. Sowohl Artwork als auch Albumtitel von *Actually* zeugen schon davon, wie hoch der konzeptuelle Anspruch war. *Actually* ist, was die Stellung des Albums im Gesamtwerk der Band angeht, in vielerlei Hinsicht ikonisch. Das Duett mit Dusty Springfield *What Have I Done to Deserve This?* war die zweite Single aus dem Album und ein Riesenhit. Wie groß die Pet Shop Boys zu diesem Zeitpunkt bereits geworden waren, zeigt sich bereits am Aufwand, der für das Musikvideo betrieben wurde. Setting ist ein Revuetheater, in dem sich Showgirls auf einen sehr Federboa-lastigen Auftritt vorbereiten. Die Band und Dusty Springfield sind gewissermaßen als

Nebenfiguren inszeniert. Bemerkenswert ist hieran, dass vermutlich alleine die Federboas der Revuetänzerinnen und Dustys Make-up mehr Geld gekostet haben dürften als alle vorherigen Videos der Pet Shop Boys zusammen. Das Video hatte einen Hochglanzfaktor, den es so von der Band noch nicht zu sehen gegeben hatte. Ich erinnere mich, dass mir bereits im Alter von elf Jahren aufgefallen ist, dass dieses Video und dieser Song eine andere Anmutung hatten als die Lieder und Videos der Pet Shop Boys, die ich bis dahin kannte. Es wirkte irgendwie so rein und frisch, so unschuldig und sauber. Damals war mir allerdings überhaupt nicht klar gewesen, dass diese besondere Aufmachung tatsächlich ganz viel mit Dusty Springfield selbst zu tun hatte. Erst am Soundtrack zu *Pulp Fiction* bemerkte ich, dass Dusty Springfield jemand ganz anderes war als nur diese Sängerin des Pet-Shop-Boys-Hits. Und erst ihr Tod im Jahr 1999 war für mich ein Anlass, mich über die Geschichte von Dusty zu informieren. Die Swinging Sixties im London der 1960er-Jahre bestanden im Wesentlichen aus Dusty Springfield und Twiggy. Und dazu war Dusty noch eine der ersten Frauen im Pop-Business, deren nicht heteronormale Sexualität in den Boulevardzeitschriften diskutiert wurde.

Einmal ganz abgesehen von Dustys historischer Bedeutung fallen ihre Vocals in *What Have I Done to Deserve This?* vollkommen aus dem Rahmen. In dem Moment, in dem sie die Stimme anhebt, steigt der Song in eine ganz neue Dimension auf. »Since you went away I've been hanging around. I've been wondering why I'm feeling down. You went away, it should make me feel better. But I don't know, oh …« Um nicht zu hören, dass da eine ganz besondere Sängerin am Werk war, musste man schon Tomaten auf den Augen haben. Beziehungsweise Möhren in den Ohren.

Es gab einmal auf Youtube einen tollen Fernsehbeitrag, in dem die Pet Shop Boys und Dusty Springfield von ihrer Zusammenarbeit berichteten. Leider ist dieser Beitrag nicht mehr zu sehen, stattdessen nur ein ähnlicher, späterer. Aber in dem originalen, zeitgenössischen Beitrag zum Song aus den 1980er-Jahren kamen sowohl Neil Tennant als auch Dusty Springfield unglaublich sympathisch rüber. Dusty war begeistert davon, mit solch hippen und angesagten Nachwuchsmusikern zusammenzuarbeiten. Und Neil war komplett überwältigt von der Art, wie Dusty Springfield an die Arbeit ging. Sie nahm die für sie komponierte Melodie und machte daraus etwas vollkommen Neues, speziell Dusty-mäßiges. Durch diesen mittlerweile gelöschten Fernsehbeitrag habe ich mehr über künstlerisches Schaffen gelernt als in manchem Creative-Writing-Seminar. Dass Dusty Springfields Song *In Private* ebenfalls in Zusammenarbeit mit den Pet Shop Boys entstanden ist, habe ich auch erst viel später erfahren, lange nach dem Erscheinen der Single. Und vollkommen unabhängig von meiner Begeisterung für die Pet Shop Boys gehörte *In Private* immer zu meinen absoluten Lieblingsliedern.

Ganz ähnlich geht es mir mit *Losing my Mind* von Liza Minnelli. Ich liebte das Lied schon als Jugendlicher, hatte aber keine Ahnung, dass es sich auch hierbei um eine Zusammenarbeit mit den Pet Shop Boys handelte. Geschrieben wurde der Song ursprünglich von dem legendären Musical-Komponisten Stephen Sondheim. Das Lied von 1971 war Teil des Musicals *Follies.* Fun Fact: Der Titel *Follies* ist eine Anspielung auf ein anderes Musical namens *Zigfield Follies,* das wiederum einmal verfilmt wurde, und zwar von Vincente Minnelli, dem Vater von … Liza Minnelli. Im alten Musical ist das Lied *Losing my Mind* eine melodramatische Arie mit viel Pathos. Die Pet Shop Boys haben für Liza Minnelli daraus einen Hi-NRG-Disco-Kracher erster Kajüte gemacht. Der Song wurde nicht nur einfach aktualisiert – mit vielen Synthesizern, Sequenzern und Drumcomputern –, sondern auch inhaltlich umgedeutet. Im Original leidet die Sängerin vor allem an der unerwiderten Liebe, was dem Song eine traurige Grundstimmung verleiht. In der Pet-Shop-Boys-/Liza-Minnelli-Version bekommt das Verlieren des Verstands eine psychopathische Dimension. Wie kann die Sängerin eine aufgekratzte Party-Hymne schmettern, wenn doch gerade ihr Herz zerbricht? Sie ist vollkommen manisch! Und dann steckt in Lizas Gesangsperformance ja ein halber Gruselfilm. Irgendwie schafft sie es, in den Strophen eine unheimliche Atmosphäre zu verbreiten, um dann im Refrain wieder voll aufzudrehen. Wer nicht glaubt, dass das genauso von Liza und den Pet Shop Boys geplant war, der sollte sich unbedingt einmal auf Youtube den dazugehörigen Live-Auftritt in der Arsenio-Hall-Show ansehen. Die Art und Weise, wie Liza Minnelli aus dem einfachen

Gesangsauftritt eine Charakterdarstellung mit allen Höhen und Tiefen macht, ist unfassbar gut.

Darauf, wie originell die Pet Shop Boys bei Coverversionen mit ihrem Ursprungsmaterial umgehen, möchte ich gleich zurückkommen. Doch vorher möchte ich noch zwei musikalische Zusammenarbeiten der Pet Shop Boys mit anderen Musikern erwähnen, die mir besonders am Herzen liegen.

Robbie Williams' Song *She's Madonna* von 2007 wurde gemeinsam von Robbie und den Pet Shop Boys geschrieben – obwohl umstritten ist, wer die eigentliche Idee zum Liedtext hatte, Williams selbst oder ein ganz anderer Songwriter. Die gesamte Produktion und der Sound lagen ganz eindeutig in der Hand der Pet Shop Boys. Bemerkenswert ist zunächst, wie gut der typische Sound der Pet Shop Boys – einschließlich Neil Tennants Backgroundvocals – zu Robbie Williams passt. Es hört sich gar nicht an wie ein Clash der Kulturen, obwohl sich Robbie Williams und die Pet Shop Boys gefühlt an den unterschiedlichen Enden einer Skala befinden, die von Voll-Proll bis Poststrukturalismus-Vorlesung reicht. Am allermeisten liebe ich an dem Song, dass die Pet Shop Boys sich nicht zu fein sind, um mit einer versoffenen Ex-Boyband-Nudel gemeinsam Musik zu machen. Dass Robbie selbst ein bekennender Fan der Pet Shop Boys ist, müsste spätestens seit 2015 klar sein. Er und Ayda Field verkleideten sich damals zu einer Kostümparty als Pet Shop Boys und wählten als Outfit die legendären Schultüten-Hüte und Schlitz-Brillen aus dem Video zu *Can You Forgive Her.*

Eine weitere tolle Zusammenarbeit war der Live-Auftritt der Pet Shop Boys bei den Brit-Awards 2009. Die Pet Shop Boys wurden mit dem *Award for Outstanding Contribution To Music* ausgezeichnet und spielten anlässlich der Preisvergabe ein Medley vieler ihrer Hits. Auf der Bühne gesellten sich noch Lady Gaga und Brandon Flowers hinzu, der Sänger von The Killers. Lady Gaga übernahm bei *What Have I Done to Deserve This?* den Part, den ursprünglich Dusty Springfield gesungen hatte. Besonders rührend hieran finde ich, dass 2009 Lady Gaga die angesagte Nachwuchskünstlerin war, mit der sich die arrivierten Pet Shop Boys noch einen jugendlichen Anstrich verleihen konnten. Das, was 1987 die Pet Shop Boys für Dusty Springfield gewesen waren, war – zu einem gewissen Grad – Lady Gaga 2009 für die Pet Shop Boys. Und Brandon Flowers wird wahrlich nicht müde, in jedem dritten Interview zu betonen, wie sehr er die Pet Shop Boys verehrt.

Die letzte der musikalischen Kooperationen, die ich hier erwähnen möchte, ist der Track *Brick England* von Jean-Michel Jarre und den Pet Shop Boys. Ja, es ist wahr, Jean-Michel Jarre hat ein Lied gemacht, das einen anderen Titel als *Oxygen* hat! *Brick England* von 2019 ist eines der besten Synthie-Pop-Stücke der letzten Jahre, das leider keine große Bekanntheit erlangt hat. Es soll zwar nicht die Aufgabe dieses Buchs sein, den Leser:innen irgendwelche Tipps für versteckte Perlen im Werk der Pet Shop Boys zu geben, aber an dieser Stelle möchte ich eine Ausnahme machen. Auch wenn es quasi unter Ausschluss der Öffentlichkeit passierte, ist die Veröffentlichung von *Brick England* ein kleiner Höhepunkt im Gesamtwerk der Pet Shop Boys.

Nun aber zu den Coverversionen, die die Pet Shop Boys im Lauf der Jahre gemacht haben. Allen ist gemeinsam, dass die Band den Charakter der ursprünglichen Lieder radikal umkrempelt. Am Beispiel von *Go West* habe ich das ja ausführlich beschrieben. Aber auch *Always on My Mind* entsprang einem anderen zeitgeschichtlichen Kontext. Dabei handelte es sich nicht wie bei *Go West* um ein geopolitisches Thema, sondern um ein popkulturelles, denn die Pet Shop Boys performten *Always on My Mind* im britischen Fernsehen zu Ehren von Elvis Presley, dessen Tod sich 1987 zum zehnten Mal jährte. Bei der Version der Pet Shop Boys schafft es Neil Tennant trotz Zurückhaltung und Beiläufigkeit des Gesangs so viel Melancholie und aufrichtige Liebe in die Stimme zu packen, dass es mich auch heute noch jedes Mal anrührt. Gerade im Kontrast zu Elvis' hochtrabender Dramatik erscheint die Liebeserklärung von Neil umso ehrlicher und innerlicher. Mit allerlei elektronischer Soundtrickserei sowie postmodernen Zitaten und Versatzstücken bastelten die Pet Shop Boys eine bombastische Synthie-Pop-Hymne, die auf eine absurde Weise gleichzeitig gefühlvoll – ja: authentisch – ist. Es ist die Kopie eines Liedes, das Elvis von anderen Leuten komponiert bekam, jetzt elektronisch durchgenudelt von blassen Briten, geleitet von queeren Gefühlen: Authentizität im Zeitalter ihrer technischen Reproduzierbarkeit.

Die beiden eben erwähnten Lieder würde man in

die allseits beliebte Kategorie der normalen Coverversionen einordnen. Bei den beiden folgenden Beispielen gilt das allerdings nicht. *Where the Streets Have No Name (I Can't Take My Eyes Off You)* von 1991 und *Viva la Vida / Domino Dancing* von 2009 bestehen jeweils aus zwei miteinander vermischten Originalen. Man könnte sagen, dass *Where the Streets Have No Name (I Can't Take My Eyes Off You)* ein Mash-up war, bevor es Mash-ups gab. Genau genommen sind aber beide Coverversionen kleine Medleys. In dem Buch *Factually* beschreibt Jan-Niklas Jäger *Where the Streets [...]* als eine Art Teufelsaustreibung, mit der die Pet Shop Boys den Originalsong von der für die Band U2 typischen diabolisch oberlehrerhaften Furzigkeit befreien. Das mag man, je nachdem, ob man U2 mag oder nicht, etwas übertrieben finden. Doch es ist eine Tatsache, hierauf wies mich Martin Hossbach hin, dass *Where the Streets Have No Name (I Can't Take My Eyes Off You)* als »doppelte A-Seite« zusammen mit einem anderen Lied herauskam. Dieses andere Lied heißt: *How Can You Expect to Be Taken Seriously?*. Dass damit zumindest ein mehr oder weniger liebevoller Seitenhieb auf die weltverbesserische Emphase von U2 verbunden ist, liegt nahe. U2 fühlten sich auch ganz eindeutig auf die Schippe genommen. Sie kommentierten das Erscheinen von *Where the Streets Have No Name ...* nämlich wiederum mit einem abgewandelten Pet-Shop-Boys-Zitat. Sie sagten: »What have we done to deserve this?«

Auch das zweite Cover-Medley würde ich nicht direkt als Teufelsaustreibung bezeichnen. *Viva la Vida / Domino Dancing* basiert auf einem Lied von Coldplay. Nun ja, es gibt durchaus Parallelen zwischen U2 und Coldplay, wenn man betrachtet, wie ernst sich die jeweiligen Sänger nehmen. Niemand macht so gerne Witze auf Kosten von Bono wie ich. Und Chris Martin von Coldplay ist eine ähnlich dankbare Zielscheibe für den Spott versnobter Musik-Puristen. Das kann aber nicht davon ablenken, dass *Viva la Vida* ein brillanter Popsong ist. Bei der *Pandemonium*-Tour spielten die Pet Shop Boys das Medley und wechselten innerhalb des Liedes mehrfach zwischen *Viva la Vida* und *Domino Dancing* hin und her. Ihre Version ist selbst für die Verhältnisse der Pet Shop Boys sehr perkussiv; die Drums bollern so laut, dass sich eigentlich eine zu genaue Analyse des Tracks von selbst verbietet, denn das hier ist zum Tanzen. Wenn Tanzen das Gegengift zum weinerlichen Coldplay-Pathos sein soll, dann aber bitte nur mit einem Augenzwinkern. An dieser Stelle sei erwähnt, dass das Medley *Viva la Vida / Domino Dancing* von Stuart Price produziert wurde. Für die jüngsten Alben der Pet Shop Boys im Speziellen und für die Entwicklung von Dance-Pop im Allgemeinen spielt Stuart Price eine nicht unerhebliche Rolle. Doch dazu später mehr.

Wie gesagt, gehörte *Viva la Vida / Domino Dancing* zur Setlist der *Pandemonium*-Tour von 2009. Diese Jahreszahl bietet sich an, um wieder zur chronologischen und biografischen Reihenfolge zurückzukehren. Bevor 2009 die *Pandemonium*-Tour startete, war das Album *Yes* erschienen mit der grandiosen Singleauskopplung *Love etc.* Die gesamten Lyrics von *Love etc.* bestehen ja aus einer Auflistung sinnloser Statussymbole, was ich natürlich besonders lustig finde. Ich – als alter Popliteratur-Autor – kann Ihnen hiermit berichten, dass es für jede popkulturelle Verwurstung materieller Oberflächlichkeiten absolut unabdingbar ist, die korrekten und passenden Statussymbole runterzubeten, um auch wirklich die richtigen Leute damit vorzuführen. Es reicht nicht einfach zu sagen: Mein

Haus, mein Auto, mein Boot – okay, Boomer. Im Jahr 2009 waren das schon Kategorien von vorgestern. Die Pet Shop Boys sagten es viel zeitgemäßer und präziser: »You need more than the Gerhard Richter hanging on your wall, a chauffeur-driven limousine on call to drive your wife and lover to a white tie ball. You need more, you need more, you need more.« Die Angeber:innen von heute haben Bilder von Gerhard Richter. Und sie sind so modern und polyamourös, dass sie sowohl Ehefrau als auch Liebhaber:in zur selben schicken Veranstaltung mitnehmen. Die Vorstellung, dass Bilder von Künstlern wie Gerhard Richter mittlerweile zu den Statussymbolen einer neuen Generation von wohlstandsverwahrlosten Angeber:innen gehören könnten, hat mich schon damals fasziniert. Mehr möchte ich jetzt gar nicht auf die Details von *Yes* und *Love etc.* eingehen, sondern lieber noch einmal auf meinen Konzertbesuch zurückkommen, mit dem das vorliegende Buch begonnen hat.

Je nachdem, wie sich die Musik einer Band zusammensetzt, kann man Musik auf der Bühne neu live entstehen lassen – oder eben nicht. Ich vermute stark, dass sich bereits die Beatles an diesem Problem die Pilzköpfe zerbrochen haben. Je ausgefuchster die Arrangements der Beatles wurden, desto unmöglicher wurde es für die Band, überhaupt live aufzutreten. Und das, obwohl John Lennon selbst gesagt hatte, dass die beste Musik der Beatles diejenige war, die sie ohne jegliche Ton- und Aufnahmetechnik in den Reeperbahn-Kellern von 1961 spontan zusammengezimmert hatten. Wann ist der Punkt erreicht, an dem es für eine Band unmöglich ist, einen Kompromiss zwischen ihren Studio-Produktionen und ihrer Live-Performance zu finden? Für die Pet Shop Boys hat sich diese Frage vermutlich nie gestellt, denn ihre Musik entspringt einer ganz anderen Idee von Pop. Bei der Live-Aufführung geht es nicht um das absolut gegenwärtige Neuentstehen von Musik, die nur in diesem Moment existiert. Nach dem Pop-Begriff der Pet Shop Boys ist der Live-Auftritt eine Art ganzheitliches Spektakel mit Musik, Bild, Tanz, Bewegung und Theater, das einen eigenen Wert und eine eigene Daseinsberechtigung besitzt. Ein Auftritt der Pet Shop Boys ist quasi das diametrale Gegenteil zu einer Freejazz-Jamsession. Das ist nicht wertend gemeint. Beide sind super. Aber es ist einfach nicht so, dass ein perfekt geprobter Playback-Auftritt weniger wert ist als das freie und wilde Herbeizaubern von ephemerer Live-Musik. Seit der Gründung der Band war es den Pet Shop Boys klar, dass die Musik im Studio entsteht und dass die Bühnenshow mehr sein soll als das Live-Reenactment der Studioaufnahme. Und die Pet Shop Boys sind bei Weitem nicht alleine mit dieser Auffassung von Bühnenperformance. Viele tolle Acts haben im Laufe der Jahre unglaubliche Dinge auf die Bühne gebracht, die alle weit entfernt von der traditionellen Idee eines Live-Auftritts sind. Auftritte von Kraftwerk, Björk, The Knife, Madonna oder Peaches waren auch immer Gesamtkunstwerke, bei denen die Musik nur einer von mehreren Bestandteilen war. Bei allen Live-Auftritten der Pet Shop Boys gibt es nicht nur viel zu hören, sondern auch viel zu sehen. Verrückte Kostüme, akrobatische Tänzer:innen, arty Videos und originelle Bühnensets gehören immer dazu. In gewisser Weise hat ein Auftritt der Pet Shop Boys mehr mit einem Musical gemeinsam als mit einem Popkonzert.

Es gibt im Werk der Pet Shop Boys allerdings einen Song, bei dem mir nie ganz klar geworden ist, ob die Band ihre eigene Haltung zur Live-Musik nun auf die Schippe nehmen will oder ob sie sich über andere Leute lustig macht. *Electricity* war auf dem Album *Bilingual* enthalten, und der Text ist wirklich super. Neil Tennant spricht aus der Perspektive eines Musikers, der ein ganz ähnliches Pop-Verständnis hat wie die Pet Shop Boys: »I'm an artist, honey, you'll see me sometimes, making crazy pictures out of music and rhymes. Costume changes performed with poise. Dancing in formation with a couple of boys. I take them on the road with my reel-to-reels. I'm an artist, honey, you know how that feels?« Allerdings macht sich die Erzählerfigur im Laufe des Songs ein bisschen lächerlich. Denn es stellt sich heraus, dass die Erzählerfigur komplettes Voll-Playback benutzt. Und davon unterscheiden sich die Pet Shop Boys dann doch substanziell, denn der Gesang von Neil Tennant ist immer live. Ist dies also der Punkt, an dem die Pet Shop Boys die Grenze zur Scharlatanerie ziehen? Immerhin ist die Textstelle, in der das Vollplayback thematisiert wird, der lyrische Höhepunkt des Lieds, wenn nicht sogar der absolute textliche Höhepunkt auf dem gesamten Album *Bilingual:* »Call it performance, call it art, I call it disaster if the tapes don't start. I've put all my life into live lip-sync, I'm an artist, honey, you gonna get me a drink?«

Weiter im chronologisch und biografisch geordneten Text: Das Jahr 2010 brachte für mich einen kommerziellen Höhepunkt meiner eigenen Arbeit. Mein Roman *Das war ich nicht* verkaufte sich wie geschnitten Brot, und ich sah mich schon auf einer steil ansteigenden Karriereflugbahn nach ganz oben. Der Erfolg meines Theaterstücks *Männerhort* wurde dadurch gesteigert, dass die Verfilmung des Stücks wochenlang an der Spitze der Kino-Charts stand. Kurz gesagt: Es hätte nicht besser laufen können. Was macht man nun in so einer Situation? Ich für meinen Teil hörte andauernd, fast manisch, das eben bereits beschriebene Lied *Love etc.:* »You need more, you need more, you need more.« Egal, wer man ist, wie viel Erfolg man hat, man ist nie zufrieden, man will immer mehr. Das ist natürlich eine Binsenweisheit, und doch war der Moment, in dem ich die Erfahrung machte, dass ein solcher Gemeinplatz plötzlich ganz konkret auf mich selbst zutraf, ein einschneidendes Erlebnis. Und begleitet wurde auch dieser Moment: von den Pet Shop Boys!

Mir war ja klar, dass der Erfolg zum großen Teil

durch die Situation bedingt war und auch etwas mit Glück zu tun hatte. Wenn ich wissen würde, wie man einen wasserdichten Erfolgsroman schreibt, dann würde ich das doch permanent tun. Emotional war ich schon darauf eingestimmt, dass die Nachfolger von *Das war ich nicht* und *Männerhort* niemals deren Verkaufszahlen erreichen würden. Ich begann darüber nachzudenken, was es überhaupt bedeutete, als Künstler längerfristig zu arbeiten. Wie vermeidet man, ein One-Hit-Wonder oder ein, in diesem Falle, Two-Trick-Pony zu werden? Da ich mittlerweile über vierzig Jahre alt bin, behaupte ich einfach: Das ist meine Midlife-Crisis. Man hat im Prinzip seine Chance gehabt. Aber auch der Ausdruck Midlife-Crisis ist ja nur ein Label für ein recht komplexes und universelles Phänomen. Wie macht man weiter, wenn man schon ein ganzes Stück weit gekommen ist? Es dürfte unstrittig sein, dass die Pet Shop Boys diese Herausforderung ganz gut gemeistert haben. Andererseits folgt die Karriere der Band auch einem gewissen Muster, das keine konstante und schnurgerade Linie von goldenen Schalplatten ist. Machen wir uns nichts vor: Irgendetwas ist immer der größte Erfolg im Schaffen eines Künstlers. Und es gibt immer ein »Vorher« und ein »Nachher«. Wenn man es ganz genau nimmt, sind alle Künstler:innen One-Hit-Wonder. Der einzige Unterschied besteht darin, wie flach oder steil die Kurven des Aufstiegs und des Abstiegs sind.

Wenn man es ganz argwöhnisch betrachten wollte, könnte man die Karriere der Pet Shop Boys auch als einen einzigen Abstieg seit *West End Girls* betrachten. Die Pet Shop Boys landeten gleich mit ihrer ersten Single einen weltweiten Megahit, dessen Verkaufszahlen sie seitdem nicht wieder erreicht haben. Und die nächsten beiden verkaufsstärksten Singles *Always On My Mind* und *Go West* waren Coverversionen. Wer ganz gemein sein will, kann sagen, dass die Pet Shop Boys seit *West End Girls* keinen richtigen Hit-Song mehr geschrieben haben. Aber diese Betrachtung ist natürlich vollkommener Quatsch. Selbst die kommerziellen Flops der Pet Shop Boys sind immer noch größere Erfolge als die größten Hits der meisten anderen Bands. Wie sehr die Pet Shop Boys eine dauerhaft gute Band sind, zeigt sich aber noch deutlicher, wenn man den kommerziellen Erfolg relativiert und sich anschaut, was sie seit *West End Girls* künstlerisch geleistet haben. Sie haben immer interessante und anspruchsvolle Sachen gemacht, ohne sich zu sehr in künstlerische Extreme zu steigern. Sie sind auch nie in die Falle getappt, zu glauben, hinter einem großen Hit stecke ein bestimmtes Rezept, eine bestimmte Formel. Sie sind sich stilistisch treu geblieben, aber man kann nicht behaupten, dass sie krampfhaft versucht hätten, ein zweites *West End Girls* zu produzieren.

Um diesen Punkt ein wenig zu illustrieren, möchte ich ein paar Vergleichsbeispiele bringen. Ich möchte die folgenden Künstler:innen nicht schlechtreden, aber doch auf ein paar Schrullen hinweisen. Das mit dem Altern haben die Pet Shop Boys einfach gut gemacht. Jugend an sich war nie ein Teil der Band – einmal abgesehen von dem im Bandnamen enthaltenen »Boys«. Ganz anders sieht das zum Beispiel bei Madonna aus. Madonnas Anstrengungen, jung zu bleiben, haben mittlerweile zu viel Häme und Spott geführt. Musiker:innen, die sehr lange erfolgreich im Geschäft sind, haben natürlich das Problem, dass sie alt werden. Auch wenn ich Madonna verehre, möchte ich festhalten, dass sie auf eine ganz andere Weise als die Pet Shop Boys mit dem Älterwerden umgeht. Manche männlichen Musiker wählen den Weg, gleich vom ersten Tag ihrer Karriere dem Älterwerden entgegenzufiebern. Ich stelle mir vor, dass sich Tom Waits und Bob Dylan schon in ihrer Jugend vorgestellt haben, wie sie später als alte Säcke auf der Bühne sitzen werden. Ich liebe Tom Waits und auch ein bisschen Bob Dylan. Aber ich wette, dass die beiden seit ihren ersten Auftritten ungeduldig darauf gewartet haben, endlich die Knatterbarden zu werden, die sie heute sind.

Besonders relevant wird die langfristige Karriereplanung bei der Frage, wie massentauglich die Musik eigentlich sein soll. Auch wenn ich Peter Gabriel mag, werde ich den Verdacht nicht los, dass er seit 1986 versucht, ein zweites *Sledgehammer* zu produzieren. *Steam* und *Growing Up* sind an sich gute Songs, haben aber doch einen leichten Beigeschmack von Verzweiflung. Gerade wenn man das Musikvideo zum Lied betrachtet, kommt *Steam* wie ein zweiter (Sauna-)Aufguss von *Sledgehammer* daher. Prince hat dieses Prinzip ja sogar einmal explizit gemacht. Er selbst bezeichnete *The Gold Experience* als eine Fortführung von *Purple Rain.* Black is the new brown und gold is the new purple. Weder künstlerisch noch kommerziell war das mit dem Gold eine gute Idee. Ich habe bereits erwähnt, dass es ein Album der Pet Shop Boys gibt, auf dem sie sich zum ersten Mal selbst zitieren. *Fundamental* von 2006 wirkt ein bisschen wie ein Revival-Album. Allerdings soll die Platte nicht an einen spezifischen Punkt aus der Karriere der Pet Shop Boys anknüpfen. Stattdessen ist es eher eine diffuse Mischung aus verschiedenen Klangelementen, die die Pet Shop Boys bereits einmal verwendet haben. Auf mich wirkt diese Platte eher lässig als verzweifelt. Wenn eine Band in zwanzig Jahren so viele verschiedene gute Ideen für Sounds und Melodien hat, dann kann man ja ruhig auch mal etwas davon wieder aufgreifen, ohne dass es wie eine kreative Bankrotterklärung wirkt. Was ich daran lässig finde, wird besonders deutlich, wenn man vergleichend die Musiker:innen betrachtet, die mit großem Aufwand versuchen, sich künstlerisch von früheren kommerziellen Erfolgen zu distanzieren. George Michael hatte irgendwann beschlossen, nur noch Jazz zu machen. Auch davon sind die Pet Shop Boys weit entfernt. Ein gutes Beispiel dafür, wie weit manche gehen, um nicht unter den Verdacht zu geraten, sich dem kommerziellen Mainstream anzubiedern, ist auch mal wieder Prince. In den letzten Jahren seines Lebens fühlte es sich so an, als würde Prince jährlich rund fünf Alben veröffentlichen, allesamt voll von unhörbarem Gequietsche.

Die Pet Shop Boys hingegen tun in gewisser Weise das, was sie schon immer getan haben. Sie probieren Dinge aus, in der ihnen eigenen halb spielerischen, halb ernsten Art, ohne plötzlich zwanghaft alles anders machen zu wollen. Und ich habe den Eindruck, dass sie sich auf beneidenswerte Weise eine Begeisterungsfähigkeit erhalten haben, ein Interesse an der Welt und dem Neuen, das es auf ihr gibt. Manche Dinge sehen sie kritisch, andere nicht, aber genau darauf kommt es letztendlich eben nicht an. Im Gegensatz zu Bands wie U2 sehen die Pet Shop Boys es eben nicht als ihre primäre Aufgabe an, der Welt die Meinung zu sagen. Festzulegen, wer und was alles schlecht ist. Könnte das nicht ein Grund dafür sein, dass sie mir heute noch immer so viel bedeuten? Ich glaube sehr daran, dass wir eine neue Sprache finden müssen, um über die Welt zu reden. Eine Sprache, die Gesellschaftskritik ermöglicht, ohne selbstgerecht oder nörgelig zu sein. Die Probleme anspricht und gleichzeitig die Fortschritte sieht.

Künstlerinnen und Künstler, die mit einer großen Emphase andauernd die Schlechtigkeit der Welt anprangern, erstarren früher oder später in ihren Protestposen – je erfolgreicher sie werden, desto schneller. Wie viele Künstlerinnen und Künstler vertreten die wohlfeile, unkreative These, dass alles ganz, ganz schlimm ist und trotzdem immer noch schlimmer wird? Halten Nörgelei schon für kritisches Bewusstsein? Die Pet Shop Boys haben das nie getan.

Musikalisch haben die Pet Shop Boys in den letzten Jahren eine Richtung eingeschlagen, die überraschend konsistent ist. Anders als früher hat jetzt ein Produzent gleich mehrere Alben hintereinander betreut. Sowohl *Electric* (2013), als auch *Super* (2016) und *Hotspot* (2020) entstanden in Zusammenarbeit mit dem Produzenten Stuart Price. Ich persönlich halte Stuart Price für einen der einflussreichsten Musiker der letzten zwanzig Jahre, auch wenn er die meiste Zeit hinter den Kulissen agiert hat. Angefangen hat alles in den späten 1990er-Jahren, als klar wurde, dass elektronische Musik nicht mehr schneller, härter und technoider werden würde. Techno war irgendwann zur Popmusik geworden, jedes Küchenradio donnerte mit

150 BPM zur Mittagszeit. Dann wurde es immer krachiger. The Prodigy, Chemical Brothers und Fatboy Slim haben dann wirklich dem Fass den Boden ausgeschlagen. Wie konnte man sich in Bezug auf Lärm und Krach überhaupt noch steigern nach *Firestarter, Setting Sun* und *The Rockafeller Skank (Right About Now, the Funk Soul Brother)?* Die Antwort auf diese Frage war überraschend elegant. Sowohl Fatboy Slim als auch Chemical Brothers drehten die Bassdrum einfach wieder leise und kamen stattdessen mit filigran pulsierenden Sequenzern zurück. Fatboy Slims *Sunset (Bird of Prey)* hatte überhaupt nicht den Wumms von *The Rockafeller Skank,* sondern war eine Mischung aus Elektro, Trance und Drum & Bass. Vielleicht war die Zukunft gar nicht so brutal, kalt, technoid, laut und krachig, wie man zu Beginn der 1990er-Jahre gedacht hatte? Ganz ähnlich fühlte sich für mich *Hey Boy, Hey Girl* von den Chemical Brothers an. Der Track geht zwar ordentlich zur Sache, aber er ist überhaupt nicht ekstatisch. Die Ekstase, die eigentlich doch der Sinn von Technopartys ist, hatten die Chemical Brothers einfach weggelassen und eine neue Form von unekstatischer Technomusik erfunden. *Hey Boy, Hey*

Girl klingt, als würde die eigentliche Party im Nachbarzimmer passieren, weil die Baseline rausgeregelt ist. So klingt also elektronische Musik, wenn man sie wieder vom Dancefloor wegnimmt und ins Musizierzimmer bringt. Das war ein historischer Moment am Ende der 1990er-Jahre. Und genau in diesem Moment begegnen wir Stuart Price. Stuart Price ist der Großmeister der zurückhaltenden Technomusik. Ich war ein großer Fan von seinem Projekt Les Rythmes Digitales und der Platte *Darkdancer* von 1999. Während die Musikpresse das Album für die cleveren Eighties-Samples und Elektro-Sounds lobte, beeindruckten mich vor allem die zurückhaltenden Pop-Stücke wie *Sometimes.* In den Jahren danach hat Stuart Price die Formel für unekstatische Dance-Musik immer weiter perfektioniert. Anstatt schnell knallender Drumsounds verwendet er Beats, die wie ein Metronom ticken. Und Price perfektionierte den Sound des pulsierenden und pluckernden Synthesizer-Sequenzers. Die erste Person im Mainstream-Pop, die dieses musikalische Genie für ihre Dienste verpflichtete, war – wen wundert es – Madonna. Stuart Price war zunächst nur der musikalische Direktor ihrer Live-Shows, bevor er ihr bevorzugter Remixer und dann schließlich auch Produzent wurde. Die Zusammenarbeit mit Madonna öffnete Stuart Price dann Tür und Tor, um zu einem der angesagtesten Produzenten der Gegenwart zu werden. Vielleicht ist es gerade die dezidiert unekstatische Art von Stuart Price, die ihn zu so einem guten Produzenten für die Pet Shop Boys macht. Irgendetwas muss jedenfalls gut funktionieren, denn die letzten drei Alben der Pet Shop Boys, *Electric, Super* und *Hotspot,* sind allesamt kommerzielle und künstlerische Volltreffer.

Mein Lieblingslied aus dieser Schaffensperiode ist *The Pop Kids* vom Album *Super.* Die Erzählerstimme berichtet in der ersten Person: »They called us the Pop Kids, 'cause we loved the pop hits and quoted the best bits.« Allerdings ist von den ersten Zeilen des Songs an klar, dass es sich nicht um die Pet Shop Boys selbst handeln kann, aus deren Perspektive der Song erzählt: »Remember those days – the early 90s? We both applied for places at the same university.« Zu Beginn der 1990er-Jahre waren die Pet Shop Boys selbst längst älter. Zu Beginn der 1990er-Jahre war ich noch Gymnasialschüler, also kaum auf der Suche nach einem Studienplatz. Aber vielleicht sind die Personen aus dem

Song trotzdem ungefähr in meinem Alter. Beim ersten Hören identifizierte ich mich zumindest sofort mit ihnen, besonders toll fand ich die bereits zitierte Zeile »we loved the pop hits and quoted the best bits«. Je genauer ich den Text verfolgte, desto mehr zweifelte ich daran, dass jemand wie ich überhaupt gemeint sein könnte in dem Song. Mehrfach singt Neil: »I loved you, I loved you«, aber niemals erwähnt er, dass die Liebe auch erwidert wurde. Man wartet vergebens auf »you loved me«. Obwohl die in dem Song besungenen *Pop Kids* als Team daherkommen, ist die Liebe womöglich unerwidert. Stattdessen kommen die Gefühle der geliebten Person auf andere Weise zur Sprache: »When we turned the corner there was already a queue stretching down the street. We swept straight in and you said: ›Ooh, I like it here! Ooh, I love it! Ooh, I like it here! Ooh, I love it! […] Ooh, I am never going home.‹«

Mir scheint es, als handele es sich bei der in dem Song beschriebenen Beziehung um eine recht tragische Angelegenheit. Meine Interpretation: Die Erzählerstimme gehört einer weiblichen Person, die in das andere – männliche und vermeintlich heterosexuelle – Pop Kid verliebt ist. Der besungene Klub, vor dem sich an einem Mittwochabend eine Schlange gebildet hat, ist ein queerer Klub. Die ganze Szene ist eine Metapher für das Coming-out des anderen Pop Kid. Mit »Ooh, I am never going home« ist gar nicht gemeint, dass das Pop Kid für immer am selben Ort in derselben Disco bleibt. Nach dem Coming-out fühlt sich das andere Pop Kid einfach pudelwohl mit der neuen, queeren Identität. Das Traurige an dem Song ist, dass die Erzählerfigur, das verliebte Pop Kid, am Ende des Songs alleine und die Liebe unerwidert bleibt. Das Lied ist dennoch weniger deprimierend als *Can You Forgive Her* 23 Jahre früher – bezeichnenderweise in den *early 90s. The Pop Kids* blickt aus der Gegenwart mit zeitlicher Distanz zurück in die Vergangenheit. Vielleicht können heute alle Protagonist:innen über ihre damaligen Erfahrungen lachen und sich an die schönen Seiten der Jugend erinnern, nicht nur an den Herzschmerz.

Vieles hat sich geändert in den vergangenen dreißig Jahren, was die Lebensbedingungen und die Repräsentation von queeren Menschen angeht. Das wird deutlich, wenn man den retrospektiven und amüsanten Blick von *The Pop Kids* vergleicht mit der existenziellen und unmittelbaren Dramatik von *Can You Forgive Her.* Hier schließt sich aber auch ein Thema an, das die gesamte Debatte um die Lebensbedingungen von queeren Menschen angeht. Viel verbessert hat sich vor allem für schwule weiße Männer. Queere *people of color,* non-binäre Geschlechteridentitäten und die gesamte intersektionale Vielfalt sind weiterhin Bereiche, wo großer Nachholbedarf besteht. In den 1980er- und 1990er-Jahren waren Musiker:innen wie die Pet Shop Boys alleine schon deswegen an der vordersten Front des gesellschaftlichen Fortschritts, weil sie die Identitäten schwuler Männer repräsentierten. Aber die Zeiten haben sich gewandelt. Die Gesellschaft ist vorangeschritten, und das, was vor zwanzig Jahren noch unglaublich revolutionär und transgressiv wirkte, kann heute mitunter sogar reaktionär sein. Um wirklich etwas bewegen zu wollen, reicht es heute nicht mehr aus, seine eigene Identität als schwuler weißer cis-Mann auszuleben. Alleine mit Repräsentation ist noch kein Blumentopf gewonnen. Mir wurde diese Dynamik spätestens klar, als es eine kleine Kontroverse um *RuPaul's Drag Race* gab. RuPaul, selbst eine *person of color,* ging in der Sendung recht salopp mit den Bezeichnungen für manche Geschlechteridentitäten um. Der von RuPaul als Running Gag verwendete Ausdruck »She-Mail« galt als Verballhornung von »E-Mail«, war klanglich aber nicht zu unterscheiden von She-Male, einer abwertenden und transphoben Bezeichnung. Das ärgerte manche Transfrauen, die ihre Geschlechteridentität keineswegs als Show-Witz missrepräsentiert sehen wollten. Wer wirklich mit der eigenen Geschlechteridentität hadert, möchte es nicht so gerne erleben, wie im Fernsehen andere Queers das Thema Geschlechteridentität als großen Verkleidungs-Spaß darstellen. Wer das Privileg hat, sich mit seiner Identität wohlzufühlen, kann natürlich viel unbefangener vor laufender Kamera darüber Witze machen. Jetzt stellt sich die Frage, wer hier wirklich unterprivilegiert ist. Queere Afroamerikaner oder womöglich wohlhabende weiße Trans-Aktivist:innen? Ich werde ewig dankbar sein, dass ich in meiner Jugend queere Identifikationsfiguren wie die Pet Shop Boys hatte, die mir Pubertät und Coming-out emotional ein bisschen leichter gemacht haben. Aber ich bin eben auch ein weißer cis-Mann und mittlerweile deutlich über vierzig Jahre alt. Wie sieht es aus für die jugendlichen

Queers von heute? Die brauchen keine Pet Shop Boys als Identifikationsfiguren. Genauso wie bei den Identitäten herrscht auch bei den Musikszenen mittlerweile große Pluralität. Die Idee vom universellen Superstar ist ebenso gestrig wie die Idee einer monolithischen queeren Community. Im Jahr 2020 gefiel mir außer *Hotspot* von den Pet Shop Boys beispielsweise *Shamir* von Shamir Bailey besonders gut. Shamir ist Afroamerikaner und identifiziert sich selbst als non-binär, wobei Shamir kein Problem damit hat, mit einem männlichen Pronomen angesprochen zu werden. Und auch musikalisch geht es bei Shamir recht divers zu. Nach den ersten elektronischen Platten macht Shamir jetzt krachigen Garagenrock. Ich überlege oft, ob die/der junge Shamir heute für queere Jugendliche etwas Ähnliches sein könnte wie das für mich damals die Pet Shop Boys waren. Ganz zu schweigen vom wirklich spektakulären Lil Nas X oder dem allseits geschätzten Frank Ocean. Andererseits bin ich dann ja auch selbst wiederum mittlerweile schon fast ein alter Sack und höre am liebsten die ollen Kamellen aus meiner Jugend.

So relativiert sich am Ende ein bisschen der Status der Pet Shop Boys als Säulenheilige. Dieser Status relativiert sich nicht etwa, weil die Pet Shop Boys weniger wichtig sind als einmal angenommen, sondern weil wir uns immer wieder fragen sollten, ob wir wirklich noch Säulenheilige brauchen.

Anders gesagt: Es relativiert sich nicht der Säulenheiligen-Status der Pet Shop Boys, sondern es relativiert sich die Bedeutung von Säulenheiligen allgemein. Wenn ich die Pet Shop Boys abfeiere, predige ich damit nicht einfach nur zu den bereits Bekehrten? Ich bin in meinem Leben an einem Punkt angekommen, wo ich mich ernsthaft frage, ob man es verantworten kann, künstlerisch fragwürdige Positionen einzunehmen, wenn man sie nur ambivalent und mit genügend Ironie präsentiert. Ich schätze sehr, wie die Pet Shop Boys immer wieder die Ikonografie und Anspielungen auf kommunistische Revolutionen einfließen lassen. »But in the back of my head I heard distant feet. Che Guevara and Debussy to a disco beat.« Ich kann es sehr gut verstehen, wenn Künstler:innen sich als große Kritiker:innen des Kapitalismus und der neoliberalen Konsumwelt darstellen wollen. Und mit einem Faible für den Kommunismus zu kokettieren, gehört ja quasi zum guten Ton der westlichen Intelligenzija. Aber:

Herrje! Die Gräueltaten, die man im Namen des Antiimperialismus verübte, werden auch nicht weniger tragisch, wenn man sie mit Ironie und postmoderner Ambivalenz überspielt. *Panzerkreuzer Potemkin* ist ein tolles Werk der Filmkunst und ein wichtiges Stück Geschichte. Aber es werden echt viele Leute erschossen. Sowohl in der Revolution als auch im Film. Die Freiheit der Kunst ist für mich ein absoluter Wert, da bin ich mir ganz sicher in meinem Urteil. Wo ich mir hingegen nicht so sicher bin, ist bei der Frage, wie leichtfertig man als Künstler:in mit dieser Freiheit umgehen sollte.

Manchmal ist es gut, die eigenen Helden zu relativieren. Menschen sind Menschen und keine Götter. Und gerade die Pet Shop Boys kamen mir immer besonders menschlich vor. Nie habe ich von übertriebenen Starallüren der Musiker gehört, eher vom Gegenteil. In den letzten Jahren habe ich Neil Tennant und Chris Lowe immer wieder auf Veranstaltungen gesehen, und sie wirkten immer ausgesprochen sympathisch und nahbar.

Deswegen endet dieses kleine Buch auch mit einer ganz kleinen Anekdote aus meinem Kreuzberger Kiez.

An der Kreuzung von Dieffenbachstraße und Grimmstraße befinden sich zwei Restaurants, eins auf der Nordseite, das andere auf der Südseite der Dieffenbachstraße. Das Restaurant im nordöstlichen Quadranten dieser Straßenkreuzung existiert nicht mehr, aber bis vor ein paar Jahren war dort das Café Rizz. Das Rizz entstammte der vorletzten Modernisierungswelle des Graefekiezes, also der Zeit vor Pulled Pork, Third Wave Coffee, brasilianischen Käsebällchen und veganen Donuts. Als das Rizz eröffnete, hatte der Fortschritt des städtischen Wandels im Graefekiez gerade erst die Stufe von Wiener Schnitzel, Pommes und Pilzrahmsoße erreicht. Es ist also kein Wunder, dass das Rizz in seinen letzten Jahren nicht immer gut besucht war. Richtig gut besucht war es eigentlich nur, wenn im oberen Bereich mal wieder eine Champions-League-Übertragung lief. Bevor das Rizz endgültig die Türen schloss, saßen nur die Hardcore-Stammgäste dort vor ihrem Schnitzel. Ich will zwar nicht so weit gehen und behaupten, dass ich und mein Lebensgefährte Gunnar zu den letzten treuen Kunden des Rizz gehörten. Aber manchmal waren außer uns nur zwei oder drei andere Gäste dort. Irgendwann fiel uns auf, dass außer uns auch noch zwei Herren mittleren Alters zu den regelmäßigen Gästen gehörten, die entweder an einem Zweiertisch oder an der Bar saßen, miteinander im Gespräch vertieft. Das waren tatsächlich Neil Tennant und Chris Lowe. Manchmal waren wir und die Pet Shop Boys die einzigen Gäste, die den Schnitzeln und dem Rizz noch die Treue hielten, während um uns herum die internationale Hipster-Cuisine florierte. Niemals allerdings habe ich die Musiker dort angesprochen oder mir anmerken lassen, dass ich die Popstars erkannt habe. Ich nehme an, sie fanden es gut, dass sie an so einem seltsam aus der Zeit gefallenen Ort wie dem Rizz nicht Gefahr liefen, um Autogramme gebeten zu werden. Manchmal stellte ich mir vor, dass es ja ganz toll sein könnte, wenn sich aus so einer Zufallsbegegnung ein nettes gemeinsames Abendessen ergeben würde. Aber ich habe immer die Distanz gewahrt, auch wenn sie nur ein paar Tische weiter saßen.

Meinen Freund Martin Hossbach habe ich in diesem Buch schon einige Male erwähnt. Martin war der erste Fan der Pet Shop Boys, den ich kannte. Heute ist Martin Hossbach Chef des Plattenlabels *Martin Hossbach,* er ist Filmmusikberater, der Manager der Musikerin Tara Nome Doyle und Agent für französischen Naturwein, u.a. für den Winzer Thomas Puéchavy, er war Kurator des Berliner Festivals *Pop-Kultur* und hat auch mit den Pet Shop Boys immer wieder zusammengearbeitet. Fan der Pet Shop Boys ist er immer geblieben. Beim Schreiben dieses Buches stand für mich gleich zu Anfang fest, dass Martin an mehreren Stellen auftauchen musste, ich ihn aber auch selbst zu Wort kommen lassen möchte. Das geschieht nun in diesem Interview.

Kristof Magnusson: Martin! Ich habe in diesem Buch bereits erzählt, dass du mitverantwortlich dafür bist, dass auch ich Fan der Pet Shop Boys wurde. Wie ist es eigentlich bei dir dazu gekommen?

Martin Hossbach: Bei mir gibt es ein ganz klassisches Erweckungserlebnis. Das war der Auftritt der Pet Shop

Boys in der Musikshow *P.I. T. – Peter-Illmann-Treff* im ZDF, ich weiß nicht mehr genau, wann das war, Ende 1985 oder Anfang 1986, aber es war auf jeden Fall das Lied *West End Girls* – damals ein Welthit und bis heute eine ihrer bekanntesten Singles. Ich war damals zehn Jahre alt, saß zu Hause bei meinen Eltern vor dem Fernseher und sah plötzlich diese beiden Typen, die wirklich alles anders gemacht haben, als ich es sonst aus der Popmusik kannte. Neil Tennant hatte einen langen Mantel an, Chris Lowe stand am Keyboard, hat ab und zu auch mal auf die Tasten geguckt, aber meistens gelangweilt in die Kamera, hatte ein Cap auf, eine Sonnenbrille, das fand ich einfach so cool! Keyboarder haben sich ja damals meist unglaublich viel bewegt. Die Pet Shop Boys standen da einfach nur rum. Ich habe mir sofort Chris Lowe als Vorbild für mein eigenes Klavierspiel genommen. Ebenso faszinierend fand ich, dass Neil Tennant nicht nur gesungen hat, sondern auch gerappt. Neil hat das auch selbst so bezeichnet und einmal von dem ersten britischen Rap gesprochen, inspiriert von Grandmaster Flash und anderen Acts, die es damals in New York gab. *West End Girls* ist also ein frühes Rap-Stück. Und auch der Name Pet

Shop Boys hat etwas mit New Yorker Rap zu tun. Ganz am Anfang hatten Neil Tennant und Chris Lowe sich nämlich West End genannt. Und sie hatten Freunde, die in einer Tierhandlung gearbeitet haben. Die haben sie die Pet Shop Boys genannt. So kam der Name Pet Shop Boys zustande. Das klang für sie damals auch ein bisschen so wie die Namen der New Yorker Rap-Gruppen, Grandmaster Flash & the Furious Five, Rock Steady Crew, Pet Shop Boys ...

Heute lachen sie wohl eher darüber, aber sie haben nie überlegt, den Namen zu ändern.

Wie dem auch sei: Ich habe sie im Fernsehen gesehen und war begeistert von ihrem Look und von diesem Sprechgesang. Dann war ich Fan. Ich habe noch die Artikel und Bilder, die ich damals aus der *Bravo* ausgeschnitten habe, das sind nur Sachen über die Pet Shop Boys. Daher kann ich noch heute nachvollziehen, wie begeistert ich sofort war. Ungefähr zwei Jahre später habe ich dann angefangen, mir jede Single zu kaufen, in jeder Ausführung, auch als Kassette, wenn es die gab, als 7-inch, als 12-inch, alle Remixe ... Das hat angefangen mit *Introspective,* einem *dance album* von 1988 mit sechs Stücken, die alle Maxi-Länge haben.

KM: Und wann hast du die Pet Shop Boys zum ersten Mal getroffen?

MH: Das war 1999 in Köln. Ich habe den Journalisten Hannes Roß begleitet, der die Pet Shop Boys für den *Stern* interviewen sollte. Er hatte vor diesem Interview einen enormen Respekt, weil er wusste, dass besonders Neil Tennant als gelernter Musikjournalist allergisch darauf reagieren konnte, wenn Journalist:innen nicht gut vorbereitet waren, nicht genug über die Pet Shop Boys wussten, da hat er mich mitgenommen, sozusagen als Backup. Die Tonaufnahme des Interviews ist leider verschollen, aber in meiner Erinnerung ist es so, dass ich letztendlich die meisten Fragen gestellt habe. Aber da müsste man noch mal Hannes fragen, ob er das genauso sieht.

KM: Wenn ich mich richtig erinnere, sind wir einmal zusammen mit dem Fahrrad von der Schule nach Hause gefahren und du hast mir erzählt, dass du Mitglied im Pet-Shop-Boys-Fanklub geworden bist. Erinnerst du das auch noch?

MH: Aber ja. Den gibt es heute noch, er wird von den Pet Shop Boys selbst betrieben. Da habe ich damals viele interessante Infos über die Band bekommen. Die exklusiven T-Shirts und CDs, die es damals gab, haben heute zum Teil enormen Sammlerwert. Früher hat der Fanklub drei Magazine pro Jahr herausgebracht, heute gibt es jedes Jahr ein richtiges Buch, das ist sozusagen die jährliche offizielle Verlautbarung der Pet Shop Boys. Und vielleicht auch einer der Gründe dafür, dass die Pet Shop Boys auch heute noch eine relevante Band sind. Neil Tennant kennt sich als Musikjournalist in dieser Branche einfach sehr gut aus, er hat das alles durchdrungen. Das klingt jetzt vielleicht sehr nach Kalkül, aber das ist es nicht. Er begeistert sich eben für sehr viele Aspekte und Bereiche der Musikbranche, die Pet Shop Boys posten es auch heute noch auf Social Media, wenn sie sich über eine gute Chartposition freuen. Aber zur Musik gibt es für ihn, genau wie für Chris Lowe, keine Alternative. Da sind sie richtig Künstler im Sinne eines romantischen Kunstverständnisses. Sie *müssen* das tun, was sie tun.

Ich bin 1989 oder 1990 dem Fanklub beigetreten. Das war gar nicht so einfach. Da stand: »Send an

SAE ...«, da musste ich erst mal ohne Google herausfinden, was ein SAE ist, das steht für *stamped addressed envelope.* Ich musste also einen frankierten Rückumschlag hinschicken, dann kam das Eintrittsformular.

KM: Das war also schon ein Commitment.

MH: Auf jeden Fall.

KM: Gibt es einen Aspekt an den Pet Shop Boys, der deines Erachtens nicht genug gewürdigt wird? Etwas aus dem Pet-Shop-Boys-Universum, das sträflich unterrepräsentiert ist, etwas, das ...

MH: ... das die Leute nie verstanden haben?

KM: Genau.

MH: Ich habe vor Kurzem eine Compilation auf Kassette herausgegeben, auf der deutsche Musiker:innen Lieder von den Pet Shop Boys covern. Andreas Borcholte hat diese Kassette auf Spiegel Online besprochen und geschrieben, dass es in seinem Umfeld viele große Fans der Pet Shop Boys gebe. Er hingegen habe lange Zeit nicht verstanden, was an denen so toll sei. Erst durch diese Compilation habe sich auch ihm der Zauber der Pet Shop Boys erschlossen.

Ich glaube, es gibt immer wieder Leute, die an den Pet Shop Boys nur die glatt polierte Oberfläche wahrnehmen und nicht, dass das auch sehr gute Kompositionen sind. Die nicht wahrnehmen, wie interessant das von den Harmonien her ist, wie viel tolles klassisches Songwriting da drinsteckt. Auch in den Texten. Heute können ja viele junge Leute sehr gut Englisch, aber seien wir mal ehrlich, unsere Generation oder älter, ich weiß gar nicht, wie viele da wirklich wahrnehmen konnten, was die Texte für eine Qualität haben. Allein schon die vielen Referenzen und Anspielungen.

KM: Ah, Anspielungen! Das war doch damals ein Riesending. Das war ja früher sehr wichtig in der Wahrnehmung von Kunst, dass man Anspielungen erkennen konnte, die sonst niemand erkannte. Da war ja auch eine Menge Angeberei mit Geheimwissen dabei, was heute völlig wertlos ist, weil man das alles googeln kann.

MH: Genau. Es gibt sogar eine Website, www.geowayne.com, da werden die Texte der Pet Shop Boys Zeile für Zeile analysiert und erklärt. Ich glaube daher nicht, dass es heute noch Dinge gibt, die niemand verstanden hat. Aber ich glaube schon, dass die Pet Shop Boys noch nicht in ihrer Tiefe von jedem wahrgenommen werden. Aber das ist ja auch nicht schlimm. Es ist ja gerade das tolle an den Pet Shop Boys, dass es eben beides ist: Musik, die sich einfach nur mit Spaß hören lässt, und tiefgründige Kunst zugleich.

KM: Damit zeigen die Pet Shop Boys doch genau, was Pop ist, oder? Pop ist die Kunstform, wo Massengeschmack und künstlerischer Anspruch nicht gegeneinander ausgespielt werden wie in vielen anderen Kunstsparten. Man kann die Musik der Pet Shop Boys einfach nur oberflächlich toll finden, aber wenn man tiefer einsteigt …

MH: … dann ist da auch wirklich was zu finden! Ich bin gar nicht gegen komplizierte, auf den ersten Blick unzugängliche Kunst. Aber man soll sich nichts darauf einbilden. Denken, dass etwas automatisch besser ist, weil man es nicht versteht. Ich hasse Dünkel.

KM: Für mich als schwulen Mann sind die Pet Shop Boys natürlich auch deswegen Bezugspersonen, weil es für eine queere Identität wichtig ist, andere queere Personen im öffentlichen Leben zu sehen und zu hören. Deswegen war mein Blick auf die Band immer sehr emotional geprägt. Aber du als heterosexueller Mann kannst dich ja auch sehr gut mit der Band identifizieren. Fühlst du dich als großer bekennender Pet-Shop-Boys-Fan deswegen der queeren Community verbunden oder spielt das für dich eine untergeordnete Rolle?

MH: Ich weiß gar nicht, ob ich das so sagen kann, aber ich empfinde auch das als eine Qualität. Mir hat, wahrscheinlich eher in den frühen Neunzigern, immer mal wieder jemand gesagt: »Aber die sind doch schwul.« Da ist das *doch* natürlich ein sehr entlarvendes, gemeines Wort. Das verleiht dem Satz so einen Unterton von: »Du bist doch gar nicht schwul, warum hörst du die denn dann?« Mir war nie klar, warum das deswegen nicht meine Musik sein sollte. Wenn man die Pet Shop Boys heutzutage analysiert oder »liest«, gibt es natürlich viele schwule Themen, die ganz offensichtlich erscheinen, aber damals war ich noch sehr klein und es gab kein Internet. Natürlich haben sie sich durch Zusammenarbeiten mit Derek Jarman und Dusty Springfield auf eine Weise positioniert, aber der Popgedanke steht darüber, die Musik soll für alle sein. In den Texten von Neil Tennant ist ja auch nicht immer klar, wer da erzählt. Natürlich, manchmal ist es eindeutig, dass da ein Mann über einen Mann schreibt, aber oft eben auch nicht. Neil erzählt auch immer wieder aus anderen Perspektiven, denkt sich in andere Leute rein. Offiziell geoutet hat Neil Tennant sich erst 1994, aber ich glaube, die Pet Shop Boys haben mich auf unbewusste Weise schon sehr viel früher gegenüber queeren Lebensweisen offen gemacht. Obwohl wir damals mit zehn oder zwölf natürlich noch nicht woke waren.

KM: Für mich war es damals wichtig, mit den Pet Shop Boys schwule Identifikationsfiguren zu haben, die nicht total kaputt oder durchgeknallt waren. Positive Identifikationsangebote.

MH: Für mich waren sie auch positive Identifikationsangebote. Ich wollte so cool sein wie Chris Lowe. Ich fand den Look super! Chris war einer der Ersten, der bestimmte Streetwear-Marken getragen hat, Stüssy, Champion, Massimo. Er war für mich der coolste Mann. Und Neil fand ich cool, weil er klug war und einen guten Humor hatte. Beide Pet Shop Boys waren für mich männliche Identifikationsfiguren, so unterschiedlich sie auch sind.

KM: Du hast ja ein Sub-Label deines Plattenlabels *Martin Hossbach,* auf dem *nur* Coverversionen der Pet Shop Boys erscheinen. Ich möchte noch mal auf die bereits erwähnte Kassette zurückkommen, die du dort Anfang 2021 herausgegeben hast, auf der viele deutsche Musikerinnen und Musiker Lieder der Pet Shop Boys covern. Wie waren die Reaktionen darauf?

MH: Ich habe dieses Sub-Label auch ein bisschen gegründet, um mich über mich selbst lustig zu machen. Weil ich die Pet Shop Boys ja immer vor mir hertrage, immer erwähne. Und dann gründe ich auch noch ein Label, das nur Coverversionen der Pet Shop Boys veröffentlicht hat. Ich würde sagen, ich bin der einzige Mensch auf der Welt, der einmal ein Sub-Label einer einzigen Band gewidmet hat.

Vieles von dem, was ich tue, wie ich mich in der Musikbranche bewege, ist informiert von den PSB. Ich versuche auch immer wieder, jungen Musiker:innen, mit denen ich einmal zusammengearbeitet habe, die Pet Shop Boys nahezubringen. Egal, ob die Musik einen anspricht oder nicht, man kann daran sehr viel lernen: wie man Musik präsentiert, wie man Themen aufbereitet, wie man mit Leuten zusammenarbeitet, wie man Videos macht, wie man Veröffentlichungskampagnen aufbaut.

Ich habe also Musiker:innen gebeten, sich ein Stück auszusuchen, oder habe ihnen einige vorgeschlagen. Für mich ist es bis heute interessant zu hören, warum bestimmte Leute bestimmte Songs mögen. Das hält auch meine Liebe zu den Pet Shop Boys frisch, weil ich immer wieder überrascht davon bin, was man alles in dieser Band sehen kann. Hören kann.

Die aktuellste Veröffentlichung, diese Kassette, war bewusst fanmäßig angelegt. Allein schon die Tatsache, dass es eine Kassette war, so ein obskures Medium, in einer Auflage von nur 150 Stück. Auch das Design sollte aussehen wie von Fans für Fans gemacht. Da habe ich der Illustratorin Caroline Wegener Fotos von den Pet Shop Boys gegeben, die für mich ikonisch sind, sie hat sie neu interpretiert, also auch eine Cover-Version gemacht. Das hat der Grafiker Norman Palm dann layoutet.

Ich habe die Pet Shop Boys im Vorfeld informiert, und einen Tag vor Veröffentlichung haben sie auf ihrer Website und auf Social Media darauf aufmerksam gemacht mit den Worten: »*A Berlin-based independent label is releasing …*«, das fand ich lustig. Von den 150 Kassetten gingen 40 an die Mitwirkenden, die anderen 110 wurden daraufhin innerhalb von wenigen Stunden verkauft. Interessant war es auch, die Kommentare zu den Posts der Pet Shop Boys zu lesen, auf Instagram, zum Beispiel. Viele fanden das toll, andere fragten, warum das sein müsse – die Originale seien doch viel besser. Und überhaupt, was erlauben sich diese deutschen Indiemusiker? Das ist eine Haltung, mit der ich mich nicht solidarisiere. Ich halte das für ein falsches Verständnis von Pop und Fandom. Man muss sich doch die Sachen aneignen. Die Pet Shop Boys haben auch schon früh gezeigt, dass sie diese Haltung teilen. Auf dem Cover der Platte *Was It Worth It?* sind zum Beispiel zwei Puppen, die die Pet Shop Boys zeigen sollen.

Auch wenn man wirklich sehr genau hinsehen muss, um das zu erkennen. Diese Puppen sind von einem japanischen Fan gemacht. Die Japanerin hat den Pet Shop Boys diese Puppen geschenkt, sie haben daraus ein Plattencover gemacht. Sie lieben ihre Fans und wären die Letzten, die solche Projekte doof fänden.

Aus Verantwortung für die Umwelt hat sich der *Verlag Kiepenheuer & Witsch* zu einer nachhaltigen Buchproduktion verpflichtet. Der bewusste Umgang mit unseren Ressourcen, der Schutz unseres Klimas und der Natur gehören zu unseren obersten Unternehmenszielen.

Gemeinsam mit unseren Partnern und Lieferanten setzen wir uns für eine klimaneutrale Buchproduktion ein, die den Erwerb von Klimazertifikaten zur Kompensation des CO_2-Ausstoßes einschließt.

Weitere Informationen finden Sie unter
www.klimaneutralerverlag.de

MIX
Papier aus verantwortungsvollen Quellen
FSC® C083411
FSC www.fsc.org

Verlag Kiepenheuer & Witsch, FSC® N001512

1. Auflage 2021

Covergestaltung FAVORITBUERO, München
Gesetzt aus der Calluna und der Acre Bold
Satz Buch-Werkstatt GmbH, Bad Aibling
Druck und Bindung CPI books GmbH, Leck
ISBN 978-3-462-00169-3